O Crime de Usurpação de Direitos de Autor e Direitos Conexos

O Crime de Usurpação de Direitos de Autor e Direitos Conexos

2014

Valter da Silva Alves

ALMEDINA

O CRIME DE USURPAÇÃO DE DIREITOS DE AUTOR
E DIREITOS CONEXOS
AUTOR
Valter da Silva Alves
EDITOR
EDIÇÕES ALMEDINA, S.A.
Rua Fernandes Tomás, nºs 76, 78 e 80
3000-167 Coimbra
Tel.: 239 851 904 · Fax: 239 851 901
www.almedina.net · editora@almedina.net
DESIGN DE CAPA
FBA.
PRÉ-IMPRESSÃO
EDIÇÕES ALMEDINA, S.A.
IMPRESSÃO E ACABAMENTO
DPS - DIGITAL PRINTING SERVICES, LDA

Março, 2014
DEPÓSITO LEGAL
373059/14

Os dados e as opiniões inseridos na presente publicação são da exclusiva responsabilidade do(s) seu(s) autor(es).
Toda a reprodução desta obra, por fotocópia ou outro qualquer processo, sem prévia autorização escrita do Editor, é ilícita e passível de procedimento judicial contra o infrator.

 GRUPOALMEDINA

Biblioteca Nacional de Portugal – Catalogação na Publicação

ALVES, Valter da Silva

O crime de usurpação de direitos de autor e
direitos conexos. - (Ideias jurídicas)
ISBN 978-972-40-5444-5

CDU 343

PREFÁCIO

Num mundo já de si marcado pela rápida evolução, vivido em tempo real, nesta aldeia global em que todo o conhecimento circula à velocidade da luz sobre fibra óptica, é um desafio de monta o lançamento de um livro sobre matéria tão controversa e fluída como é a da protecção penal conferida aos direitos de autor e afins.

É esse desafio que enfrenta com frontalidade e maestria o autor, oferecendo aos leitores o fruto desse seu esforço investigativo que revela o feliz casamento do melhor dos dois mundos, a pureza epistemológica própria do estudioso que analisa as questões à luz da melhor doutrina e o pragmatismo de quem, no quotidiano processual, tem como função decidir perante os factos de que dispõe, com a prova que recolheu e no enquadramento do direito do seu tempo.

São estas duas grandes vertentes que Valter da Silva Alves tão bem conjuga neste seu livro, revelando igual proficiência na apresentação do "actual estado da técnica" quanto à protecção jurídica conferida à usurpação e no enunciado da vasta aplicação jurisprudencial, que cita em contexto próprio.

Multifacetada, a presente obra tem algo a oferecer a cada um. Com inestimável valia enquanto apontamento de cultura geral, elucidário da génese e evolução da protecção jurídica autoral, serve com igual mérito como ponto de partida para uma qualquer tese de mestrado ou doutoramento que se preocupe em aprofundar aquele escasso detalhe que venha a sofrer evolução conceptual ou legislativa.

Na parte em que procede a uma abordagem, artigo por artigo, da legislação relevante, o presente livro tem outro inestimável préstimo, o de se erigir em verdadeiro "código anotado", na falta de uma obra de referência que cumpra essa função. Nesta última vertente apresenta-se como útil instrumento ao serviço do profissional do foro, do aplicador da lei, ou de quem dela se pretender valer na tutela de obra própria.

Em suma, densificado no plano conceptual sempre que se revelou necessário, o texto oferecido por Valter da Silva Alves discorre singelamente em formato cuja leitura não aliena o leitor menos iniciado num ramo tão específico do Direito. Evoluindo com naturalidade, coloca em dialética posições e conceitos, esclarece sem se pretender doutoral, ensina sem um ascendente professoral.

Percorrida a obra e enriquecido o leitor poderá este ver-se confrontado com um só lamento, o de a monografia se cingir ao tema prometido e não ter havido oportunidade para continuar este importante esforço na elucidação de um diploma legal tão extenso como é o Código do Direito de Autor e dos Direitos

Conexos. Mas também aqui o autor não engana, pois que oferece precisamente o que prometeu na introdução: um estudo do crime de usurpação de direitos de autor, abrangendo igualmente os direitos conexos. Tal objectivo mostra-se cumprido em termos escorreitos e eficazes que indiciam a presente obra como uma incontornável referência para os aplicadores do Direito.

José Manuel Branco
(procurador da República)

NOTAS PRÉVIAS

I)

O texto que se publica corresponde, com pequenas alterações, à dissertação de mestrado apresentada à Faculdade de Direito da Universidade Nova de Lisboa e objecto de discussão no dia 27 de Janeiro de 2009, aprovada com a classificação de Muito Bom, perante júri constituído pela Professora Doutora Tereza Pizarro Beleza (presidente), pelo Professor Doutor Augusto Silva Dias (arguente) e pela Professora Doutora Cláudia Trabuco (orientadora), aos quais se agradece o rigor na análise do trabalho e as críticas apresentadas.

II)

Nas obras citadas nas notas de rodapé apenas se indica o autor, o ano da publicação e a página respectiva, podendo consultar-se as referências completas na bibliografia final.

Na jurisprudência referida ao longo do texto apenas se indica o tribunal e a data, podendo consultar-se as referências completas na lista de jurisprudência final.

As disposições legais sem referência da sua fonte correspondem aos artigos do CDADC.

As citações encontram-se traduzidas para melhor compreensão e fluência do texto. Nos textos já traduzidos e publicados, na bibliografia final encontra-se identificado o tradutor. Quando na bibliografia final a obra se encontrar em língua estrangeira e no texto constar uma tradução, essa tradução foi por nós efectuada, podendo confrontar-se o texto original através das referências que indicamos. Quando mais do que um autor é citado na nota de rodapé opta-se por, em primeiro lugar, referir a obra mais antiga.

SIGLAS E ABREVIATURAS

Ac.	Acórdão
BFDUC	Boletim da Faculdade de Direito da Universidade de Coimbra
BMJ	Boletim do Ministério da Justiça
CC	Código Civil
CD	Compact Disc
CDADC	Código do Direito de Autor e Direitos Conexos
CJ	Colectânea de Jurisprudência
CP	Código Penal
CPI	Code de la Propriété Intellectuelle (França)
CPP	Código do Processo Penal
CRP	Constituição da República Portuguesa
DVD	Digital Video Disc
PGR	Procuradoria-Geral da República
RFDUL	Revista da Faculdade de Direito da Universidade de Lisboa
STJ	Supremo Tribunal de Justiça
RC	Tribunal da Relação de Coimbra
RE	Tribunal da Relação de Évora
RG	Tribunal da Relação de Guimarães

RL	Tribunal da Relação de Lisboa
RP	Tribunal da Relação do Porto
TC	Tribunal Constitucional
TRLPI	Texto Refundido de la Ley de Propiedad Intelectual (Espanha)
UrhG	Gesetz über Urheberrecht und verwandte Schutzrechte (Urheberrechtsgesetz) (Alemanha)

INTRODUÇÃO

Nesta dissertação pretendemos estudar o crime de usurpação de direitos de autor, abrangendo igualmente os direitos conexos.

Este tema encontra, na sociedade actual, uma relevância determinante.

Os desenvolvimentos tecnológicos dos meios de reprodução, distribuição, comunicação ao público e de colocação à disposição do público conheceram um exponencial crescimento, com especial destaque para os meios digitais.

Este desenvolvimento veio permitir uma mais acessível e frequente violação das faculdades patrimoniais dos autores e titulares dos direitos conexos, trazendo para a ordem do dia a preocupação dos lesados com esta conduta e conduzindo a uma maior preocupação por parte das entidades fiscalizadoras. Esta maior preocupação tem como consequência o aparecimento de inúmeros casos nos tribunais que incidem sobre o crime em estudo.

A acrescer, não existe em Portugal uma análise mais aprofundada sobre o tema, o que, face à sua actualidade e relevância prática justifica um estudo sobre o crime de usurpação.

Enquanto um dos crimes presentes no CDADC, a usurpação circunscreve-se, sobretudo, às faculdades patrimoniais dos autores – à excepção da al. a) do n.º 2 do artigo 195.º – e este é o aspecto decisivo que o afasta dos crimes de contrafacção[1] e de violação do direito moral.

Genericamente, poder-se-á definir usurpação como a violação das faculdades patrimoniais dos autores e titulares de direitos conexos, através da utilização da obra ou prestação, sem a autorização do titular do direito, nem a coberto de qualquer utilização legalmente permitida, mormente as designadas utilizações livres, abrangendo ainda todas as condutas descritas no n.º 2 do art.º 195.º.

Não ambicionamos esgotar o tema, até porque a dimensão da dissertação e a sua inserção no contexto dos objectivos presentes para o 2.º Ciclo de Estudos, introduzido pelo Decreto-Lei n.º 74/2006, de 24 de Março, não o tornariam possível. Mas procuraremos com este trabalho auxiliar na compreensão do tema,

---

[1] A terminologia adoptada para designar estes crimes padece de alguma imprecisão, pois os termos usurpação e contrafacção e as realidades que abrangem são equívocas. «Antes nos parecia que se deveria chamar contrafacção ao que se chama usurpação e usurpação ao que se chama contrafacção», como refere José de Oliveira Ascensão, 1993: 19. Isto porque, na acepção actual dos termos, usurpação seria a apresentação como próprio do que é alheio e contrafacção a reprodução ilícita de exemplares.

permitindo clarificar o seu conteúdo. Este objectivo de clarificação mostra-se essencial pois estamos perante um tipo incriminador que, face à sua redacção, deve ser interpretado cuidadosamente.

Neste trabalho vamos analisar unicamente o tipo incriminador português. No entanto, sempre que se justifique, são feitas referências pontuais a ordenamentos estrangeiros, sem se pretender desenvolver uma análise comparativa[2]. Apenas procuramos auxílio em referências a ordenamentos estrangeiros para melhor compreendermos a norma portuguesa, explicitando algumas semelhanças e diferenças[3].

Entre os ordenamentos referidos escolhemos os regimes francês e espanhol, pois, tratando-se de ordenamentos de *Civil Law*, tal como o português, têm um tipo incriminador semelhante ao nosso, embora com particularidades relevantes. Já a escolha do regime brasileiro prende-se com o facto de este não sofrer influência directa do Direito Comunitário, o que desde logo o distingue do nosso regime, mas igualmente devido à circulação frequente de obras e prestações entre Portugal e Brasil, tornando relevante verificar as soluções propostas nos dois países para fazer face às condutas criminosas em causa.

---

[2] Sobre a diferença entre direito comparado e o mero conhecimento de direitos estrangeiros, veja-se Carlos Ferreira de Almeida, 1998: 12.
[3] Para uma análise mais cuidada sobre as diferentes sanções às violações da propriedade intelectual nos vários ordenamentos jurídicos, veja-se Claude Colombet, 1992: 108 e ss.

Apesar das influências que o CDADC sofreu do Direito Italiano, no que ao nosso tema respeita, não existem especialidades relevantes entre o tipo incriminador italiano e os outros tipos estudados que justifiquem a sua inclusão[4].

Não se opta igualmente por referências aos direitos de *Common Law*. Estes ao nível da forma de protecção não apresentam especialidades – punem igualmente como crime as situações de «piracy», «counterfeiting» e «bootlegging». No entanto, e face ao objectivo do trabalho e até à dimensão permitida, não se afigurava pertinente uma análise pormenorizada destes ordenamentos, sem prejuízo de fazermos referência a algumas das suas soluções, quando tal se justifique.

O trabalho divide-se em cinco capítulos, sendo a sequência aquela que nos pareceu mais adequada a alcançar os objectivos a que nos propusemos.

No primeiro capítulo abordaremos a perspectiva histórico-jurídica, tentando fazer uma síntese dos diversos tipos incriminadores que antecederam o actual crime de usurpação. Não se ambiciona estudar minuciosamente a evolução histórica, mas considera-se importante abordar o percurso da protecção dos autores e das suas obras.

No segundo capítulo analisaremos o princípio da legalidade em Direito Penal, na perspectiva do crime

---

[4] Sobre a tutela do Direito de Autor no Direito Italiano, veja-se Laura Chimenti, 2004: 404 e ss. e David Terracina, 2006: 77 e ss.

em estudo. A redacção e amplitude do tipo podem conduzir à violação do princípio da legalidade, ou pelo menos criam obstáculos a esse princípio basilar. Abordaremos três pontos essenciais: a necessidade de criminalização da conduta, a eventualidade de estarmos perante uma norma penal em branco e a pertinência da natureza do crime, da punição da negligência e moldura penal.

No terceiro capítulo analisaremos o bem jurídico protegido, essencial na análise do tipo incriminador. Seguidamente e de forma não exaustiva, daremos uma panorâmica da principal classificação do crime de usurpação quanto à estrutura e ao tipo.

No quarto capítulo analisaremos o regime jurídico do crime de usurpação presente nos n.ºs 1 e 2 do artigo 195.º. Apenas no n.º 1 são analisados os vários elementos da teoria do crime, enquanto no n.º 2 se aborda a tipicidade e ilicitude por apresentarem variações relativamente ao n.º 1, sendo certo que os restantes elementos não apresentam especificidades assinaláveis.

No quinto capítulo analisaremos o n.º 3 do artigo 195.º. Opta-se por um capítulo autónomo face à especificidade desta conduta que nos leva a considerá-la como um novo tipo incriminador, independente dos restantes números do artigo 195.º.

CAPÍTULO I
Perspectiva Histórico-Jurídica

A protecção dos autores nem sempre foi assegurada de modo igual. Inicialmente, aos autores só a título excepcional eram concedidos privilégios e a regra era o domínio público das obras5, o que permitia que qualquer pessoa, mormente livreiros, pudesse reproduzir as obras, sem qualquer benefício para os autores, que dependiam do mecenato e dos créditos alcançados.

O aparecimento do autor como «proprietário» das suas obras foi um produto do Iluminismo. Aquela que foi considerada a primeira lei que se debruçou sobre o mundo literário foi o *Copyright Act 1709* ou *Statute of Anne*[6]. Este diploma reconheceu os autores como

---

[5] Como refere Mark Rose, 2003: 75, a princípio, o mundo literário era aberto e livre, pelo que o domínio público era a regra.

[6] Sobre este tema, veja-se Kevin Garnett, Jonathan Rayner James e Gillian Davies, 1999: 31 e ss. e J. A. L. Sterling, 2003: 7 e ss.

legítimos detentores das obras[7] e, paralelamente, estabeleceu os seus limites[8], retirando-se o monopólio de edição que até então existia sobre as obras literárias, conferido à «*Stationer's Company*[9]» desde 1556. Este impulso da propriedade literária estendeu-se a outros países, surgindo em Portugal[10], em 1839, o primeiro projecto legislativo que se debruçava sobre os direitos de autor, da autoria do deputado e escritor Almeida Garrett[11]. No entanto, só em 8 de Julho de 1851 foi promulgado pela Câmara dos Deputados o diploma legislativo sobre direitos de autor, nos mesmos termos do projecto anteriormente apresentado.

[7] A grande inovação foi a atribuição ao autor do poder de dispor sobre as suas obras, concedendo-lhes, para além do mais, o direito de reprodução e a possibilidade de este ser contratualmente cedido.
[8] O autor apenas teria o direito de cópia por um período de 21 anos para as obras já publicadas e de 14 anos para as obras que ainda não se encontravam impressas. Uma outra inovação do *Statute of Anne* foi a obrigação de serem fornecidas nove cópias à «Stationer's Company» para esta, por sua vez, entregar um exemplar a várias bibliotecas (Royal Library, bibliotecas de Oxford e Cambridge, biblioteca das universidades de St. Andrews, Edimburgo, Glasgow e Aberdeen, Sion College e biblioteca da Faculty of Advocates).
[9] A «*Worshipful Company of Stationers and Newspaper Makers*» foi fundada em 1403 e juntava todos os livreiros, ilustradores e encadernadores de Londres.
[10] Sobre a história dos Direitos de Autor em Portugal, veja-se José de Oliveira Ascensão, 1992: 17 e ss e Luiz Francisco Rebello, 1994: 34 e ss.
[11] Este projecto pretendia dar seguimento à protecção constitucional atribuída aos escritores no artigo 23.º § 4 da Constituição de 1836. O diploma de 1839, bem como o relatório apresentado por Garrett e as cartas trocadas entre este e Alexandre Herculano foram consultados na obra de Luiz Francisco Rebello, 1999.

No seguimento do que já sucedia noutros países, também a lei elaborada por Almeida Garrett previa a transmissibilidade, inviolabilidade e duração da protecção dos direitos de autor, bem como, no seu título VI, a previsão penal como resposta a certas violações dos direitos de autor.

Assim, referia o artigo 27.º que «todo o que maliciosamente, e em prejuízo dos direitos nesta lei garantidos aos autores e a seus herdeiros e representantes, publicar, imprimir, gravar, representar em teatro público, ou de qualquer modo reproduzir, em todo ou em parte, sejam obras escritas, desenhos, pinturas, esculturas, composições musicais, ou quaisquer outras produções de espírito ou de arte, já publicadas ou ainda inéditas, comete contrafeição[12]». Cometia, igualmente, este crime quem, sem licença do autor ou de seus representantes, reproduzisse as orações pronunciadas na tribuna ou no foro, os sermões pregados nos templos, os discursos académicos, ou cursos orais professados nas cadeiras dos institutos públicos ou privados.

Para se encontrar preenchido o tipo de crime previsto neste artigo era necessário que o agente actuasse em prejuízo dos direitos garantidos, não só aos próprios autores, como também aos seus herdeiros e representantes – o agente actuava contra os direitos previstos neste diploma, mormente o direito de

---

[12] Não se verificava nesta lei uma distinção entre o crime de usurpação e o crime de contrafacção, ao contrário do que hoje sucede.

publicar ou autorizar a publicação, ou a reprodução de uma obra[13].

O modo de execução do crime encontra-se claramente vinculado pelo tipo legal[14]. A actuação teria de ser através da publicação, impressão, gravação, representação em teatro público, ou qualquer outra forma de reprodução.

As obras protegidas seriam aquelas que se encontravam previstas no tipo: obras escritas, desenhos, pinturas, esculturas, composições musicais, ou quaisquer outras produções de espírito ou de arte. Ora, esta última expressão – «quaisquer outras produções de espírito ou de arte» – abria caminho para que qualquer criação do espírito ou da arte, independentemente das enunciadas no tipo, pudesse ser objecto do crime de *contrafeição*, exceptuando as obras não protegidas pela lei, previstas no artigo 9.º [15].

Quanto ao elemento subjectivo do tipo, exigia-se o dolo face à expressão *maliciosamente* utilizada no texto legislativo, sendo o dolo específico, implicando uma intenção de prejuízo dos direitos de autor atribuídos por aquele diploma.

---

[13] Cfr. artigos 1.º, 10.º, 18.º e 21.º.

[14] Como veremos, na versão actual do tipo legal do crime de usurpação de direitos de autor, uma das principais críticas apontadas, é a deficiente, porque excessivamente vaga, formulação do modo de execução do crime.

[15] Previa-se no artigo 9.º que «a lei não garante a propriedade das obras obscenas, dos libelos difamatórios, nem de quaisquer outras composições espúrias e de manifesta tendência imoral»

Quanto às disposições penais, esta lei não teve o esperado efeito prático, uma vez que estas foram derrogadas pela aprovação, em 1852, do primeiro Código Penal Português. Este diploma previa, na secção referente aos «abusos de confiança, simulações, e outras espécies de fraude», o crime de *contrafeição*.

Dispunha o artigo 457.º, do CP, de 1852 que cometia o crime de *contrafeição* quem reproduzisse «em todo ou em parte, fraudulentamente e com a violação das leis e regulamentos relativos à propriedade dos auctores, alguma obra escripta ou de musica, de desenho, de pintura, de escultptura ou qualquer outra producção (...)».

Como se verifica pela simples leitura do artigo, não existiam diferenças substanciais relativamente à previsão do artigo 27.º do diploma de 1851. As obras protegidas seriam as enunciadas no tipo, não se esclarecendo quais as «outras» produções abrangidas, embora se pressuponha que teriam de ser consideradas criações de espírito ou de arte. O modo de prática do crime seria, unicamente, a reprodução e aqui verifica-se talvez a maior divergência relativamente à anterior disposição, uma vez que se deixa de fazer referência à publicação, impressão, gravação e representação em teatro público.

Também no Código Penal a actuação do agente teria de violar as leis e os regulamentos relativos à *propriedade dos auctores*, remetendo-se assim, inicialmente, para as disposições constantes da lei de

1851 e, posteriormente, para o Código Civil de Seabra[16].

A utilização do termo *fraudulentamente* restringia o campo de aplicação do crime, uma vez que era necessário que o agente actuasse com dolo directo, acrescido de uma intenção vincadamente «enganatória»[17].

Na mesma altura, vários países europeus impulsionaram um movimento internacional, tendo em vista a adopção de regras uniformizadoras em matéria de propriedade intelectual. Este movimento culminou na Convenção de Berna, em 1886[18], o primeiro acordo internacional multilateral sobre esta matéria.

A adopção deste acordo, no entanto, não veio alterar as disposições penais portuguesas relativamente à violação dos direitos de autor, até porque a Convenção de Berna nada referia quanto a este ponto[19].

Em Portugal, em 1927, adoptou-se nova legislação sobre a propriedade literária e artística, através do Decreto n.º 13 725, de 27 de Maio, denominado de

---

[16] No Código Civil de 1867, nos seus artigos 570.º e ss., regulava-se o «trabalho literário e artístico», revogando a lei de 1851.

[17] Sobre o termo *fraudulentamente* no crime de contrafacção, embora referente ao CDADC na sua versão inicial, veja-se Pedro Cordeiro, 1992: 41 e ss.

[18] Posteriormente revista pelo Acto de Paris de 24 de Julho de 1971 e novamente modificado em 2 de Outubro de 1979 e à qual Portugal aderiu pelo Decreto n.º 73/78, de 26 de Julho.

[19] Se por um lado, na Convenção se tentou impulsionar uma protecção análoga aos direitos dos autores entre os Estados Contratantes, por outro lado, nada se referia quanto às sanções que acarretariam a sua violação.

Regime da Propriedade Literária, Científica e Artística. Este diploma que consagrava a perpetuidade do direito de autor, apresentava quanto às disposições penais uma inovação marcante: a diferenciação entre acto de usurpação e de contrafacção, a qual perdura até hoje.

Assim, dispunha o artigo 126.º do Decreto n.º 13 725 que constituíam «usurpação ilícita e contrafacção fraudulenta» a publicação, tradução, reedição ou reprodução, representação, transformação, adaptação, resumo ou de qualquer outro modo de explorar uma obra alheia já publicada ou inédita, sem o consentimento do seu autor ou dos seus herdeiros, representantes ou cessionários, «ou excedendo os limites do contrato ou autorização, e com infracção do disposto nesta lei.» Apesar da distinção das figuras de usurpação e de contrafacção, a lei não referia o que se deveria entender por cada uma delas, deixando para a doutrina e jurisprudência a sua concretização.

Assim, na doutrina, Mário Alves Pereira[20] defendia que a usurpação consistia «no facto de alguém publicamente se arrogar a qualidade de detentor de um direito que lhe não pertence (...) Quanto à contrafacção, admitindo que ela seja sempre uma reprodução, total ou parcial, de outra obra como o Código estabeleceu (...) o que ela constitue sempre é a expressão material de uma usurpação», pelo que seria usurpação a utilização sem consentimento do autor do nome

---

[20] Mário Alves Pereira, 1951: 85 e 86.

literário ou artístico, o título da obra, os direitos de exibição, entre outros, enquanto se poderia considerar contrafacção a edição não autorizada de uma obra literária ou científica, a reprodução ou cópia abusiva de uma obra de arte, de um filme ou de um disco.

Entendimento contrário, e próximo da versão actual do tipo incriminador, foi defendido pelos tribunais. Assim, como exemplo, refere-se no Acórdão da Relação de Lisboa de 24 de Maio de 1941[21] que «a usurpação é a apropriação indevida, ilícita, de uma obra. A contrafacção é a imitação ou alteração fraudulenta de uma obra (...) Usurpação será a publicação, a tradução, a reedição ou reprodução, a representação, de uma obra alheia, sem autorização expressa do seu autor, revelando-se, com estes factos, a intenção de se apropriar dos lucros e vantagens da obra. Contrafacção será a transformação, a adaptação, o resumo, de uma obra alheia, também sem autorização expressa do seu autor, aproveitando-se daí vantagens que desses factores possam resultar.»

Para se consumar o crime de usurpação ilícita, previsto e punido no artigo 126.º do Decreto n.º 13 725, o agente teria de utilizar a obra pelas formas expressamente previstas no tipo, tal como sucedia com a lei de 1851.

Outra inovação, que se mantém até hoje, prende-se com a extensão do crime de usurpação às situações

---

[21] O qual pode ser consultado em Mário Alves Pereira, 1951: 86 e 87 e M. Moreira da Silva, 1965: 114 e 115.

em que, pese embora existir autorização ou contrato, os limites desta autorização ou contrato se mostravam ultrapassados. A actuação do agente teria de se pautar pela violação do disposto na lei, afastando-se, pois, a prática do crime de usurpação nas situações abrangidas pelas limitações legais[22] aos direitos dos autores, previstas no próprio diploma, designadamente o direito de reprodução de excertos e o direito de citação[23].

No tocante ao elemento subjectivo, o agente teria de actuar dolosamente para se consumar a prática do crime. Neste sentido, o Ac. RC 21-03-1961 segundo o qual «o crime de usurpação de obra literária, científica ou artística do Decreto n.º 13 725, é um crime doloso».

Por consagrar a perpetuidade dos direitos do autor[24] esta lei foi alvo de críticas mas só em 27 de Abril de 1966 foi aprovada a nova legislação sobre os direitos de autor, nascendo o primeiro Código do Direito de Autor, aprovado pelo Decreto n.º 46 980. Este diploma destacou-se, desde logo, face ao seu antecessor pela abolição da perpetuidade da protecção das obras.

No Título V, Capítulo I, Secção I encontrava-se previsto o crime de usurpação, no artigo 190.º. Esta

---

[22] Actualmente designadas de utilizações livres.
[23] Artigos 19.º e 20.º, respectivamente.
[24] O artigo 15.º do Decreto n.º 13 725 dispunha que o autor gozava perpetuamente «do direito exclusivo de reproduzir ou editar e negociar ou vender a sua obra, que fica sendo sua propriedade (...)».

disposição previa que quem, sem a autorização do respectivo autor, utilizasse ou explorasse por qualquer das formas previstas na lei uma obra alheia incorria nas penas nela cominadas.

O artigo 190.º teria de ser conjugado com os artigos 192.º a 194.º da mesma lei, apresentando-se, como também integrando o crime de usurpação, a divulgação abusiva de uma obra ainda não divulgada pelo autor ou titular do direito, mesmo que o agente não se propusesse obter uma vantagem económica[25]. De igual forma, cometeria o crime a pessoa que, autorizada a utilizar ou explorar a obra, excedesse os limites da autorização concedida[26], Bem como a transcrição e resumo de trechos de obras alheias se fossem ultrapassados os limites estabelecidos na própria lei[27], bem como a compilação ou colecção de poesias e trechos de prosa de um autor, sem a sua autorização[28].

A actuação do agente teria de se pautar pela utilização ou exploração da obra por qualquer das formas legalmente previstas. No entanto, saliente-se que o tipo legal sofre nesta altura uma diferente formulação que prevalece até hoje: o legislador optou por deixar de especificar os modos como o crime poderia ser cometido para optar por uma cláusula aberta – «utilizar ou explorar por qualquer das formas previstas na lei».

---

[25] Cfr. artigo 192.º.
[26] Cfr. artigo 193.º.
[27] Cfr. artigos 181.º e ss.
[28] Cfr. artigo 194.º

O sujeito passivo do crime divergia da lei anterior, uma vez que seria apenas o autor, excluindo os seus herdeiros, o que se justifica pela abolição da perpetuidade dos direitos. No seguimento da lei anterior[29], previam-se as situações em que, apesar de existir autorização, os limites desta autorização se mostrassem ultrapassados, integrando o crime de usurpação.

A autorização do autor actuava como elemento negativo do tipo, a par das limitações aos direitos de autor previstas no Capítulo II do Título III da lei[30] e a obra usurpada poderia encontrar-se publicada ou ser uma obra inédita.

Quanto ao elemento subjectivo, o agente teria de actuar dolosamente para se consumar a prática do crime.

Entretanto, já havia sido aprovada em Genebra, a 6 de Setembro de 1952, a Convenção Universal sobre Direito de Autor[31], posteriormente revista em Paris em 1971[32].

---

[29] Ainda por referência ao Decreto n.º 46 980.

[30] Sob a epígrafe «utilizações livres» o Capítulo II do Título III englobava os artigos 181.º a 188.º e previas a limitações específicas aos direitos de autor.

[31] Segundo José de Oliveira Ascensão, 1992: 38, foram quatro os factores fundamentais que justificaram esta Convenção: a vontade de representar uma convenção mais abrangente do que a Convenção de Berna; o estabelecimento de uma base mínima de protecção; a colocação dos Estados Unidos no centro do movimento proteccionista do direito de autor; e a colocação da UNESCO como entidade administradora.

[32] Portugal ratificou a Convenção Universal do Direito de Autor a

No que ao nosso tema se refere, a presente convenção, tal como sucede com a Convenção de Berna, nada refere quantos às formas de protecção dos direitos de autor, apenas fazendo referência à necessidade de «tomar todas as medidas necessárias» para assegurar a protecção dos direitos dos autores e de quaisquer outros titulares destes direitos[33].

O Decreto n.º 46 980, tal como sucedera com as leis anteriores, não logrou adaptar-se às constantes mudanças no mundo dos direitos de autor, sendo de ter em conta o surgimento, para além do mais, da necessidade de protecção dos chamados direitos conexos ao direito de autor, essencialmente pela expressão que os produtores de fonogramas vinham assumindo[34].

Nesta sequência, surge assim, em 1985, o Código do Direito de Autor e dos Direitos Conexos[35], aprovado através do Decreto-Lei n.º 63/85, de 14 de Março, rapidamente alterado alguns meses depois pela Lei n.º 45/85, de 17 de Setembro.

---

11 de Maio de 1956 e o Acto de Paris em 26 de Dezembro de 1979, através do Decreto-Lei n.º 140-A/79, de 26 de Dezembro.

[33] Cfr. artigo I da Convenção Universal sobre Direito de Autor.

[34] Sobre este tema, veja-se José de Oliveira Ascensão, 1992: 20.

[35] Para Oliveira Ascensão, 1992: p. 21, o novo código significa «um progresso grande no campo do direito de autor. Contém disposições francamente criticáveis (...) mas não foram reintroduzidas as enormidades que chegaram a constar do projecto. Continua a traduzir a subserviência em relação a leis estrangeiras de países exportadores de obras intelectuais».

Também no CDADC se optou pela inserção do crime de usurpação como forma de reprimir algumas das formas possíveis de violação aos direitos dos autores previstos no diploma.

Dispunha a versão original do CDADC, no n.º 1 do artigo 203.º que praticava o crime de usurpação aquele que, sem autorização do autor ou do artista, utilizasse obra ou prestação de artista por qualquer das formas previstas no Código ou divulgasse abusivamente obra ainda não divulgada ou não destinada a divulgação, mesmo que a apresentasse como sendo do respectivo autor. O n.º 2 agravava a pena se o agente actuasse com intenção de obter vantagem patrimonial, atribuindo o n.º 3 natureza semi-pública ao crime de usurpação.

Esta versão não chegou a ter efeitos práticos, uma vez que, como se referiu, foi no mesmo ano alterada pela Lei n.º 45/85, de 17 de Setembro, da qual resulta a actual versão do crime de usurpação, agora previsto no artigo 195.º do CDADC, do qual nos ocuparemos nos capítulos seguintes.

Importa referir que, apesar da grande relevância assumida pelo Direito Comunitário nas matérias relativas ao Direito de Autor e Direitos Conexos, no que se refere especificamente à protecção penal desta matéria, a legislação comunitária nada diz, como se constata designadamente nos artigos 3.º e 16.º da Directiva 2004/48/CE, do Parlamento Europeu e do Conselho, de 29 de Abril de 2004.

A matéria penal encontra-se excluída das competências comunitárias, cabendo a cada estado-membro competência exclusiva em questões penais. No entanto, a Comissão das Comunidades Europeias, na proposta apresentada e que deu origem à actual Directiva 2004/48/CE, propunha disposições relativas a sanções penais, as quais não constam da redacção final[36].

Tal como sucede nas convenções internacionais, também o legislador comunitário optou por deixar aos estados-membros a decisão dos meios e formas de protecção do Direito de Autor.

---

[36] A proposta da Comissão das Comunidades Europeias pode ser consultada em http://eur-lex.europa.eu/LexUriServ/LexUriServ.do?uri=COM:2006:0168:FIN:PT:PDF.

CAPÍTULO II
O Princípio da Legalidade e o Crime de Usurpação

1 – Enquadramento

Antes de iniciarmos a análise do regime, impõem-se algumas incursões prévias pelo princípio da legalidade em Direito Penal para melhor se poder compreender o estudo do tipo legal.

O Direito Penal legitima-se formalmente mediante a aprovação das leis penais conforme a Constituição. A legitimidade material é guiada pela necessidade das leis penais para a manutenção da forma da sociedade e do Estado[37]. A consagração de determinada conduta como crime, por ser lesiva dos direitos fundamentais dos cidadãos, só se justifica pela necessidade de preservar valores sociais estruturantes.

---

[37] Günther Jakobs, 1995: 44.

Esta restrição, face à sua gravidade, deve obedecer a critérios objectivos e o seu conteúdo deve encontrar-se expressamente previsto por lei anterior[38]. Como referiu Eduardo Correia[39], «o nosso direito é constitucionalmente dominado pelo princípio *nullum crimen sine lege, nulla poena sine lege*».

O princípio da legalidade em Direito Penal apresenta-se complexo e não se esgota nesta visão que apenas garante a necessidade de existência de lei anterior que comine com punição criminal uma determinada conduta. O princípio da legalidade «assume um sentido ou vários sentidos característicos de limitação, a vários níveis, do poder de punir».[40]

O legislador, ao exigir a tipificação prévia como crime de determinada conduta, pretendeu, igualmente, demonstrar que «nem toda a conduta humana, mesmo que seja moralmente reprovável ou socialmente desajustada, pode merecer a tutela do direito penal»[41].

Conexo com o princípio da legalidade encontra-se o princípio da subsidiariedade, ou da intervenção mínima do Direito Penal[42] o qual deriva directamente dos fundamentos constitucionais da limitação da res-

---

[38] Cfr. artigo 29.º, n.º 1 da CRP e artigo 1.º, n.º 1 do CP.
[39] Eduardo Correia, 1963 (reimp. 2004): 129.
[40] Teresa Pizarro Beleza, 1998: 326.
[41] M. Simas Santos e M. Leal-Henriques, 2003: 14.
[42] Também denominado de máxima restrição do Direito Penal. Sobre a necessidade de tutela penal, veja-se Jorge de Figueiredo Dias, 2001-A: 57 e ss.

trição dos direitos, liberdades e garantias[43]. Estes, à luz da Constituição, só podem ser limitados por leis restritivas que revistam carácter geral e abstracto, «não podem ter efeitos retroactivos, as restrições têm de limitar-se ao necessário para salvaguardar outros direitos ou interesses constitucionalmente protegidos, não podendo em caso algum diminuir a extensão e o alcance do conteúdo essencial dos preceitos constitucionais»[44]. O Direito Penal tem de ser encarado como a *ultima ratio*, a única e última solução possível quando todas as outras se mostrarem falíveis ou desajustadas.

Para além da ideia de máxima restrição do Direito Penal, o princípio da legalidade impõe à norma penal uma exigência de clareza na sua redacção. O conteúdo da lei penal deve ser delimitado ou delimitável pelo que o seu sentido não pode ser vago ou de difícil concretização sob pena de os destinatários da norma não conhecerem os precisos limites da mesma.

A indeterminação das normas «é um problema básico, geral e comprometedor em certa medida do funcionamento prático do princípio da legalidade: o princípio da legalidade pode existir, pode estar consignado na própria Constituição; mas se as leis penais forem indeterminadas, vagas ou imprecisas, esse será o ponto fraco na efectividade prática desse princípio»[45].

---

[43] Cfr. artigo 18.º, n.ºs 2 e 3 da CRP.
[44] José Carlos Vieira de Andrade, 2004: 303.
[45] Teresa Pizarro Beleza, 1998: 377.

Tal como entendem Jorge Miranda e Miguel Pedrosa Machado[46], a norma deverá cumprir primacialmente dois requisitos: da certeza e da limitação de poder. O primeiro, pretende orientar para «o que é lícito e o que não é lícito» uma vez que os destinatários têm de conhecer a norma; o segundo destina-se a limitar a actuação do julgador e do titular da iniciativa da acção penal.

Outra questão que se coloca frequentemente na análise do princípio da legalidade é a remissão da norma penal para outras normas de fonte normativa de valor hierarquicamente igual ou inferior. Esta norma penal mostra-se em si mesma incompleta, pois na sua concretização remete para outras normas[47].

Face à redacção do artigo 195.º, o princípio da legalidade pode encontrar-se afectado. Impõe-se, por isso, a análise de três pontos considerados essenciais:
 a) a necessidade da responsabilidade criminal na violação dos direitos patrimoniais dos autores;
 b) o artigo 195.º como norma penal em branco;
 c) a pertinência da moldura penal, a natureza do crime e a punição da negligência.

---

[46] Jorge Miranda e Miguel Pedrosa Machado, 1995: 27.
[47] Sobre este tema, veja-se Teresa Pizarro Beleza e Frederico de Lacerda da Costa Pinto, 1999: 31 e ss.

2 – A necessidade da responsabilidade criminal na violação dos direitos patrimoniais dos autores

Como se referiu *supra* e no respeito pelo princípio da subsidiariedade do Direito Penal, por um lado, só as condutas que violem valores sociais fundamentais devem merecer a repressão penal e, por outro lado, só as violações que não susceptíveis de prevenção e repressão por outros ramos do direito devem ser incriminadas.

A evolução histórica da legislação sobre a propriedade intelectual em Portugal demonstra que o legislador tem optado por, sucessivamente, incriminar as violações aos direitos de autor. Não é esta uma especialidade portuguesa, uma vez que nos restantes ordenamentos jurídicos estudados se optou por caminho semelhante[48], embora os acordos internacionais[49]

---

[48] Também em Espanha (artigos 270.º e ss da TRLPI), França (artigo 335.º do CPI) e Brasil (artigo 184.º do CP) se pune criminalmente a generalidade das violações aos direitos de autor e direitos conexos.

[49] Cfr. artigo 6.º-bis, n.º 3 da Convenção de Berna; artigo I da Convenção Universal sobre Direito de Autor; artigo 4.º, alínea i) da Convenção OMPI; artigo 7.º da Convenção de Roma (Convenção Internacional para a Protecção dos Artistas Intérpretes ou Executantes, dos Produtores de Fonogramas e dos Organismos de Radiodifusão; artigos 2.º e 3.º da Convenção para a protecção dos produtores de fonogramas contra a reprodução não autorizada dos seus fonogramas; artigo 2.º da Convenção de Bruxelas relativa à distribuição de sinais portadores de programas transmitidos por satélite; artigos 8.º e 41.º do Acordo TRIPS/ADPIC; artigo 14.º do Tratado OMPI sobre Direito de Autor e artigo 18.º do Tratado OMPI sobre prestações e fonogramas; artigos 3.º, n.º 1 e 16.º da Directiva 2004/48/CE.

sobre esta matéria apenas salientem a necessidade de salvaguarda dos direitos dos autores (utilizando-se expressões como «adopção de medidas adequadas» ou simplesmente «assegurar protecção») não circunscrevendo essa salvaguarda à tutela penal e deixando aos Estados Contratantes a definição dos meios de defesa. Apenas no Acordo TRIPS se opta por referir a necessidade de protecção penal, mas apenas para a contrafacção e pirataria em relação ao direito do autor numa escala comercial. Nenhuma disposição internacional obriga o legislador português a tão vasta e indiferenciada protecção penal nesta matéria.

A opção pela protecção penal dos direitos de autor e direitos conexos tem suscitado opiniões divergentes nos diversos ordenamentos. De um lado, estão aqueles que consideram a sanção penal como a mais satisfatória, enérgica e eficaz, porquanto as sanções actuam como meios intimidatórios e repressores contra os possíveis infractores[50]. Em sentido inverso, sustenta-se que não são «considerações de carácter ético que justificam a violência da reacção penal. Antes, estão-lhe associadas considerações de prevenção geral. Em vez de sistemas onerosos de fiscalização, os entes de gestão recorrem a esta tutela gratuita através de cominações penais»[51].

---

[50] Neste sentido José-António Vega Vega, 2002: 215.
[51] José de Oliveira Ascensão, 1993: 15. Para o mesmo autor, verifica-se uma severidade acentuada, ao arrepio dos movimentos de intervenção mínima da tutela penal e de «reserva da tutela penal para um núcleo eticamente significativo».

Paradoxalmente, o legislador optou por atribuir maior relevância aos direitos patrimoniais, em detrimento dos direitos morais, como se constata a partir da diferente natureza atribuída aos crimes, no artigo 200.º ou com a previsão de uma mesma moldura penal para diferentes condutas criminosas[52].

Os direitos morais dos autores, enquanto pais das suas criações, interligam-se com direitos fundamentais no ordenamento jurídico português, como o direito de personalidade[53], direitos estes que se opõem *erga omnes*, pelo que a sua importância deveria ter tido mais consideração pelo legislador.

Na esteira de Oliveira Ascensão, pensamos que apresentar como conduta criminosa a generalidade

---

[52] O mesmo sucede na legislação espanhola, onde a estrutura do Código demonstra que a tutela penal versa fundamentalmente sobre aspecto económico do direito de autor, como afirma José-Antonio Vega Vega, 2002: 136. No mesmo sentido, M. Aránzazu Moretón Toquero, 2002: 12.

[53] Neste sentido, José de Oliveira Ascensão, 1992: 167 afirma que os direitos pessoais mantêm «uma ligação, ao menos genética, aos direitos de personalidade, afastando-se destes no seu âmbito de tutela e no seu regime». No mesmo sentido, para Luiz Francisco Rebello, 2002: 50, o direito moral «mais não é do que o reconhecimento do carácter eminentemente pessoal da criação literária e artística, com todas as consequências que daí derivam em relação à obra intelectual como reflexo da personalidade do seu criador e resultado do seu labor criativo». Também no direito brasileiro se verifica uma divisão entre direitos patrimoniais e morais e uma aproximação dos últimos aos direitos de personalidade, pois, tal como sucede em Portugal, os direitos morais são irrenunciáveis e inalienáveis, característica de *jus in persona ipsa*, conforme aponta Carlos Fernando Mathias de Souza, 1999: 105.

das infracções à propriedade intelectual, mostra-se excessivo, inadequado e inexequível. Excessivo pois nem todas as condutas abrangidas lesam bens jurídicos fundamentais e a incriminação generalizada afecta o princípio da máxima restrição do Direito Penal; inadequado pois não diferencia a gravidade das condutas e dá maior relevância aos direitos patrimoniais em detrimento dos direitos pessoais; e inexequível pois, na prática, a simples incriminação de todas as violações não implica o sucesso na prevenção e repressão de tais condutas.

Mais acertada teria sido, porventura, a opção de apenas criminalizar algumas infracções que merecessem maior dignidade penal e social, como os direitos morais dos autores, deixando para os restantes ramos do direito, mormente o direito de mera ordenação social, assegurar uma mais célere e exequível protecção dos direitos de autor e direitos conexos remanescentes. Não colocando no mesmo patamar direitos patrimoniais e morais, bem como diferenciando autores, artistas intérpretes e executantes, produtores, editores e organismos de radiodifusão estaríamos a dignificar os verdadeiros criadores, de um modo mais compreensível. Poder-se-ia, então, alcançar um combate mais efectivo às constantes e crescentes violações dos direitos de autor, cujo modelo actual de protecção se mostra inoperante, não apresenta resultados e só virtualmente encontra sentido prático, pois as novas tecnologias dificultam o controlo das violações a direitos de autor e direitos conexos e utilizando os meios tradicionais dificilmente se consegue reprimir certas condutas[54].

Nesta matéria como noutras a seguir abordadas e em obediência ao princípio da interpretação conforme à Constituição, pensamos que apenas uma interpretação restritiva da norma incriminadora permitirá salvaguardar a sua constitucionalidade.

3 – O artigo 195.º como norma penal em branco

A redacção utilizada na tipificação do crime de usurpação apresenta imprecisões, sendo o conteúdo do tipo legal de difícil delimitação, pela remissão que faz para outras normas.

Como defendem Jorge Miranda e Miguel Pedrosa Machado, a lei penal apenas deverá ser considerada uma norma penal em branco quando remete para uma disposição de grau ou nível inferior[55]. Quando

---

[54] A prevenção deve passar não só pela protecção a ser feita pelo Direito Penal, mas também por outros ramos do Direito, mas deve igualmente passar pela mudança de mentalidades em dois sentidos. Por um lado, deve-se criar na sociedade a ideia de que a violação dos direitos de autor e direitos conexos tem como consequência a violação do direito de remuneração de alguém que trabalhou para alcançar uma obra e prestação. Por outro lado, devem os titulares dos direitos de autor e direitos conexos perceber a especificidade da protecção da propriedade intelectual, não podendo ambicionar uma protecção excessiva das criações ou prestações, de forma a assegurar a fruição dessas obras e prestações pela comunidade em geral.

[55] Em sentido contrário Teresa Pizarro Beleza e Frederico de Lacerda da Costa Pinto, 1999: 32, defendem que «a integração de uma norma

a lei penal remete para outra disposição de valor hierarquicamente igual, contida na mesma lei ou em lei distinta, apenas nos encontramos perante uma norma incompleta[56].

Já Oliveira Ascensão[57] entende que o artigo 195.º configura uma verdadeira norma penal em branco uma vez que apenas contém a sanção, enquanto a descrição típica se encontra numa lei não penal, para a qual remete, embora o mesmo autor, posteriormente apresente soluções para que o conteúdo da norma seja compatível com o princípio da legalidade. A acrescer, «a incriminação de praticamente todas as condutas violadoras do direito de autor, como a estabelecida no artigo 195.º, carece de determinação, essencial no tipo incriminador»[58]. E o mesmo autor exemplifica com as dificuldades de determinação de expressões utili-

---

penal em branco não é necessariamente feita por fontes normativas inferiores à lei penal», dando o exemplo das remissões para fontes de Direito comunitário sobre níveis de poluição. Assim, «a identificação de uma norma penal em branco deve fazer-se a partir da função das normas, de valorar e orientar comportamentos humanos. Nesse sentido apenas a descrição normativa que se complete com recurso a outros instrumentos é que deve ser considerada uma norma penal em branco».

[56] Para Maria Fernanda Palma, 1997: 230 «a reserva de lei impede normas penais em branco com as inerentes consequências da proibição da analogia incriminadora e da definição do ilícito criminal por simples regulamentos».

[57] José de Oliveira Ascensão, 1993: 28 e ss.

[58] *Ibidem*, 29.

zadas na norma como «obra literária ou artística» ou «forma de utilização prevista neste Código».

A remissão para «qualquer das formas previstas» no CDADC é tecnicamente pouco rigorosa e imprecisa, tal como atrás referido, o que poderá implicar especiais dificuldades na sua concretização. Também o legislador francês optou por uma norma incompleta, remetendo no tipo legal para as regras previstas na lei, ao contrário do legislador espanhol que refere expressamente as formas de utilizar a obra ou prestação[59].

A utilização de uma cláusula tão ampla, remetendo para a totalidade do código, não basta para nos encontrarmos perante uma norma penal em branco, ferida de inconstitucionalidade.

Apesar das visíveis deficiências utilizadas no tipo incriminador, este remete para normas não penais de igual valor, contidas inclusivamente no mesmo

---

[59] O artigo 335-2 do CPI utiliza a expressão «au mépris des lois et règlements relatifs à la propriété des auteurs». O artigo 270.º do CP espanhol refere as formas de utilizar («reproduzca, plagie, distribuya o comunique públicamente (...) o su transformación, interpretación o ejecución»). Já no direito brasileiro opta-se no artigo 184.º do CP por, primeiramente, referir a expressão «violar direitos de autor e os que lhe são conexos» para, nos parágrafos seguintes, referir expressamente diferentes modos de violação. No Brasil «a conduta típica do crime de violação de direito autoral é ofender, infringir, transgredir o direito do autor. O artigo 184 é norma penal em branco, devendo verificar-se em que se constituem os direitos autorais que, para a lei, são bens móveis (artigo 3º da Lei nº 9.610/98)», conforme ensina Júlio Fabbrini Mirabete, 2001: 371.

diploma das normas penais. A expressão utilizada no artigo 195.º de remissão para «qualquer das formas previstas neste Código» não pode ser considerada uma norma penal em branco. Encontramo-nos, neste caso, perante uma clara remissão para normas não penais constantes do mesmo diploma legal e, assim, de valor hierarquicamente igual.

Se, na verdade, não estamos perante uma norma penal em branco ferida de inconstitucionalidade, certo é que visíveis dificuldades em concretizar e delimitar as condutas enquadráveis no crime de usurpação se levantam. E, neste sentido, não se encontra afastada a possibilidade de violação do princípio da legalidade.

Como sustenta Oliveira Ascensão, «saber o que o Código dispõe exige tarefas complexíssimas de interpretação (...) Se o agente se engana nessa interpretação é criminoso?»[60].

Todas as normas, mas em especial as normas penais, por fortemente lesivas e restritivas dos direitos fundamentais, devem revestir uma especial clareza, completude e simplicidade interpretativa. Não olvidamos a dificuldade que, por vezes, ocorre em determinar certa conduta, utilizando uma linguagem clara e objectiva[61], mas tal facto não pode obstar ao rigor e simplicidade na feitura das normas.

---

[60] José de Oliveira Ascensão, 1993:29.
[61] Neste sentido, Teresa Pizarro Beleza, 1998: 376: «não só no direito penal, mas noutros ramos do direito, é por vezes muito difícil, ou impossível, utilizar expressões que sejam realmente unívocas. Quase em

O legislador optou por inserir no tipo inúmeros elementos normativos o que dificulta a sua aplicação. A deficiente formulação do tipo legal pode também conduzir a dificuldades processuais na sua concretização, pois «normas penais com um número excessivo de elementos objectivos, de elementos subjectivos especiais ou de finalidades dos agentes dificilmente resistem às regras de prova do processo penal e mais facilmente farão funcionar situações de atipicidade ou o próprio princípio in dubio pro reo»[62].

Um cidadão comum, atento e responsável, perante um tipo incriminador, deverá conseguir apreender o alcance da norma. É, aliás, um dos pilares de um Estado de Direito Democrático, o direito e a obrigação dos cidadãos conhecerem de antemão as leis que regem os seus comportamentos. E para isso, não basta assegurar a não retroactividade das leis desfavoráveis, ou a formalidade da sua publicação em jornal oficial, na suposição teórica de que, assim, todos têm um correcto conhecimento da lei. É essencial a capacidade de compreensão das leis, sob pena de tudo não passar de uma ilusória garantia de direitos. Só conhecendo e compreendendo as leis, os cidadãos estarão habilitados a aceitar e cumprir essas leis. «Podemos assim dizer que o discurso persuade e vincula ao articular

todos os ramos do direito e até na linguagem vulgar as expressões são frequentemente equívocas ou ambíguas. No direito penal isso também acontece; há expressões cujo uso é difícil evitar e que comprometem um pouco esta ideia de precisão da lei criminal.»
[62] Frederico de Lacerda da Costa Pinto, 1998: 20.

e "pro-ferir" a ideia, quer dizer, ao revelá-la e ao revelar o seu alcance, ao "instituí-la" no nosso horizonte comunicativo. Portanto, a sua força persuasiva e vinculante deriva da ideia que ele explicita, e não dele próprio enquanto discurso»[63].

E não pode o legislador, sob uma capa de aparente dificuldade técnica em circunscrever certa conduta, optar por normas pouco claras, incompletas e complexas que só um jurista especializado tenha capacidade de compreender. Parece ter sido este o caminho mais fácil, seguido pelos legisladores português e francês[64]. Pelo contrário, o legislador espanhol apercebendo-se da deficiente formulação do tipo constante do artigo 534.º do CP de 1973, reformulou a norma em 1987, catalogando as condutas típicas integradoras do crime. «Com esta forma de tipificação concreta, abandona-se definitivamente a característica de preceito penal em branco[65]», mesmo que, com a nova formulação persista a necessidade de completar o tipo, com a legislação específica da propriedade intelectual[66].

---

[63] João Baptista Machado, 2000: 320.

[64] Já no direito brasileiro, como se referiu na nota 59 o artigo 184.º do CP refere a punição de quem «violar direitos de autor e os que lhe são conexos» e nos parágrafos seguintes do mesmo artigo referem expressamente diferentes modos de violação como a reprodução, a exposição à venda, aluguer, introdução no País, aquisição, ocultação e depósito de obras ou prestações. Já as disposições contidas nestes parágrafos face à sua redacção não se tratam de normas penais em branco.

[65] José-António Vega Vega, 2002: 268.

[66] Neste sentido, M. Aránzazu Moretón Toquero, 2002: 15.

Pelo exposto, sem prejuízo das críticas acima tecidas quanto à imperfeição da linguagem e técnica utilizadas no tipo incriminador e que dificultam de sobremaneira a interpretação e delimitação do tipo legal, que deveriam ser rectificadas, concordamos, no entanto, com Jorge Miranda e Miguel Pedrosa Machado ao considerar não existir inconstitucionalidade da norma e consequente violação do princípio da legalidade, salvaguardando-se a validade da norma, através de uma interpretação restritiva da norma.

4 – Pertinência da moldura penal, a punição da negligência e a natureza do crime

A moldura penal prevista no artigo 197.º, n.º 1 para os crimes de contrafacção, usurpação e violação dos direitos morais é de prisão até três anos e pena de multa de 150 a 250 dias (cfr. art.º 6.º do diploma preambular do Código Penal de 1995, DL n.º 48/95, de 15 de Março). É de difícil compreensão a previsão da mesma moldura penal para condutas tão díspares e previstas nos três tipos de crime[67], quando, na ver-

---

[67] Na versão original do CDADC as molduras penais eram distintas, sendo a moldura penal dos crimes de violação do direito moral e contrafacção mais elevadas do que as previstas para crime de usurpação que apenas se ocupa das faculdades patrimoniais, o que parece uma solução mais acertada. No crime de usurpação, na sua versão original encontrava-se prevista a agravação da pena se o agente actuasse com intenção de obter vantagem patrimonial. Esta opção é ainda

dade, os valores sociais e, consequentemente, os bens jurídicos protegidos são substancialmente distintos[68].

O plágio[69] apresenta-se, ou deveria apresentar-se, como a violação mais gravosa do direito de autor, pela sua dissimulação, consciente e intencional com o intuito de se apropriar de uma criação intelectual alheia[70].

Impõe-se, nesta fase, estabelecer sucintamente os limites gerais entre usurpação e contrafacção. Assim, enquanto o crime de usurpação se prende com a utilização ilícita e essencialmente patrimonial (à excepção da al. a) do n.º 2 do art.º 195) de uma obra de outrem, a contrafacção traduz-se na utilização de uma obra criada por outrem mas apresentada como se fosse própria, abarcando, designadamente o denominado «plágio». Ou, como se sustenta no Ac. RE 18-02-1997 «a usurpação distingue-se da contrafac-

---

hoje seguida pelo legislador espanhol que criou um tipo agravado, distinguindo, desta forma, através da moldura penal, a diferente gravidade das condutas. Situação idêntica foi seguida pelos legisladores brasileiro e francês que também optaram por prever molduras penais diferentes, para as diversas condutas previstas.

[68] Nas diversas legislações sobre propriedade intelectual, ao longo da história, têm-se englobado diferentes condutas numa única figura ou tipo e, consequentemente, com a mesma sanção. «O equívoco não podia ser maior, face à multiplicidade de figuras que podem ocorrer com a violação» da propriedade intelectual, como afirma José-Antonio Vega Vega, 2002: 262 e 263.

[69] O plágio é punido pelos diversos ordenamentos jurídicos estudados e em Portugal está presente no crime de contrafacção.

[70] José Carlos Costa Netto, 1998: 189.

ção essencialmente porque, enquanto a primeira consiste na mera utilização, não autorizada, da obra ou prestação alheia, ou com excesso dos limites da autorização concedida, a segunda consiste em o agente apresentar, como própria, obra ou prestação alheia» e acrescenta-se que no crime de usurpação se viola «principalmente, o direito patrimonial do autor, em virtude de ficar privado de um bem económico, que a lei lhe confere», enquanto na contrafacção «o que se viola é o direito moral do autor, consubstanciado na paternidade da obra»[71].

Consequentemente, deveriam prever-se diferentes molduras penais, adequadas às distintas lesões que as diversas condutas podem revestir: equiparar a violação de direitos morais à violação de direitos patrimoniais, mostra-se claramente desajustado. Aquele que reproduzir ilicitamente um exemplar de uma obra não pode estar abrangido pela mesma moldura penal prevista para aquele que copiar o conteúdo de uma obra, arrogando-se a paternidade da mesma[72]. Abstractamente, a previsão de uma mesma moldura penal para estas duas condutas distintas e de gravidade social e ética diversa – a primeira é manifestamente menos gravosa do que a segunda – pode conduzir à aplicação de uma mesma pena.

---

[71] No mesmo sentido, Oliveira Ascensão, 1993: 18 e 20 e Luiz Francisco Rebello, 2002: 254.
[72] Na primeira situação, poderíamos estar perante um crime de usurpação e na segunda situação perante um crime de contrafacção.

A acrescer, a conduta negligente é punível, o que demonstra alguma *banalização* da sanção penal, operada pelo legislador português[73] para fazer frente às condutas violadoras da propriedade intelectual, como se a incriminação fosse a única e mais satisfatória solução jurídica e social.

A regra em Direito Penal é a não punição da negligência[74], pois nem todos os comportamentos negligentes são merecedores da censura criminal. A negligência só deve ser merecedora de pena quando a falta de atenção se deve a defeitos de atitude interna, por inconsideração e falta de cuidado[75].

O crime de usurpação dificilmente se compadece com uma conduta negligente e simultaneamente censurável. A negligência pode sempre ocorrer, no entanto, não será, à partida, merecedora de sanção penal pois a falta de atenção dificilmente se deve a defeitos de atitude interna[76]. A punição da negligência, quanto a nós, poderia e deveria, assim, ser erradicada das disposições penais do CDADC, por excessiva e inadequada.

---

[73] Nos restantes ordenamentos jurídicos estudados só o dolo é penalmente censurado.

[74] Cfr. artigo 13.º do CP.

[75] Hans-Heinrich Jescheck e Thomas Weigend, 2002: 54 e ss.

[76] A título de exemplo, alguém que sem a autorização do autor reproduza um fonograma, obtendo vários exemplares e depois os coloque no mercado, não o faz certamente por falta de cuidado. O que poderá ocorrer é a falta de conhecimento de que a sua conduta é penalmente punível e, nesse caso, teremos de analisar a possibilidade de erro à luz do artigo 16.º do CP.

Outra questão que se pode colocar e que, de algum modo, pode manifestar incoerência com o sistema penal do CDADC é a natureza pública[77] do crime de usurpação[78]. Num Estado que impõe constitucionalmente a restrição mínima aos direitos fundamentais e à intervenção do Direito Penal, poderá ser considerada desproporcionada a adopção da natureza pública do crime de usurpação na sua totalidade, até pelo confronto com a não atribuição de idêntica natureza à violação dos direitos morais.

Outros ordenamentos jurídicos parecem seguir caminho idêntico. Tanto no Brasil como em Espanha[79], os crimes relativos à propriedade intelectual apresentam natureza pública, embora nestes ordenamentos não se encontre qualquer diferença entre a violação dos direitos morais e patrimoniais, sendo todos eles abrangidos pela natureza pública dos crimes.

---

[77] Sobre a natureza processual dos crimes em geral, veja-se Tereza Pizarro Beleza, 1992-1993: 34 e ss. e Frederico de Lacerda da Costa Pinto, 1998: 84 e ss.

[78] Cfr. artigo 200.º. Na versão original o crime de usurpação revestia a natureza semi-pública.

[79] Cfr. artigo 186.º do CP brasileiro e artigo 287.º do CP espanhol, após a redacção dada pela alteração legislativa de 2003. Na redacção anterior do CP espanhol era atribuída natureza semi-pública ao crime contra a propriedade intelectual. Neste sentido, veja-se Luiz Rodríguez Moro, 2003: 331 a 371. Em França, os artigos 321-1 e 331 do CPI prevêem a necessidade de apresentação de queixa por quem tem legitimidade em agir – cfr. André Lucas e Henri-Jacques Lucas, 2001: 601 e ss; e Fréderic Pollaud-Dulian, 2005: 740 e ss.

A natureza pública do crime de usurpação pode, no entanto, apresentar-se necessária por duas ordens de razão. Por um lado, em termos práticos, seria deveras complexo cada autor ou titular de direito conexo ter conhecimento da violação dos seus direitos patrimoniais, caso a caso[80]. Esta falta de conhecimento implicaria, caso o crime revestisse natureza semi-pública ou particular, que muitas condutas criminosas deixassem de ser punidas por uma questão de procedibilidade: por não haver conhecimento da conduta, não existiria a necessária apresentação de queixa, dentro do prazo de seis meses estipulado no artigo 115.º do CP, ficando aquele que havia cometido o crime impune e dificultando uma efectiva reacção penal. Por outro lado, justifica-se a natureza pública pela relevância social e quantitativa que este crime tem vindo a assumir nas sociedades modernas. Assim, o interesse essencialmente privado que um autor terá na punição destas condutas criminosas é acompanhada de um interesse público em prevenir as mesmas[81].

Consideramos, pois, justificar-se a natureza pública do crime de usurpação, embora com restrições. A alínea c) do n.º 2 e o n.º 3 não deveriam possuir natureza pública, uma vez que apenas dizem respeito às relações internas entre autor e aqueles a quem este transmitiu os seus direitos, pelo que os problemas e

---

[80] A título de exemplo, as violações ocorridas através da internet em sítios de partilha de ficheiros.
[81] Neste sentido, veja-se Luiz Rodríguez Moro, 2003: 352 e ss.

virtualidades descritos no parágrafo anterior não se colocariam.

Paradoxalmente, não se encontra explicação para a violação dos direitos morais dos autores ter natureza semi-pública, pese embora, a nosso ver, assuma maior gravidade e relevo social, lesando não só os autores, os seus direitos de personalidade mas também o público em geral, ao afectar a paternidade e genuinidade da obra ou prestação.

Pelo exposto, verificamos não só uma desconsideração pelo princípio da subsidiariedade do Direito Penal, como também pelos direitos morais dos autores, seja pela desproporcionalidade entre os bens jurídicos protegidos e a forma de protecção; pela generalização das condutas criminosas e dos potenciais lesados; pela moldura penal indiferenciada; ou pela punição da negligência desajustada da realidade. Pelo contrário, concordamos com a natureza pública do crime apenas nas situações previstas no artigo 195.º, n.º 1 e n.º 2 alíneas a) e b), pois só assim se concretizará uma efectiva reacção penal. A alínea c) do n.º 2 e o n.º 3 deveriam revestir a natureza de crime semi-público, pois as condutas descritas circunscrevem-se essencialmente às relações próprias entre autor e aqueles a quem os respectivos direitos foram transmitidos.

Também por estas questões, quanto a nós, só uma interpretação restritiva das normas poderá ser compatível com a constitucionalidade das mesmas, sob pena de violação do princípio da intervenção mínima do Direito Penal.

CAPÍTULO III
O Bem Jurídico Protegido e Classificação do Crime

1 – O bem jurídico

O Direito Penal visa a protecção de valores e interesses fundamentais numa comunidade, assim justificando a restrição de outros valores e interesses igualmente essenciais. São esses valores e interesses fundamentais numa comunidade que conduzem o legislador e se encontram presentes em todos os tipos legais de crime e a que se dá o nome de bem jurídico, ou nas palavras de Figueiredo Dias[82], bem jurídico é a «expressão de um interesse, da pessoa ou da comunidade, na manutenção ou integridade de um certo estado, objecto ou bem em si mesmo socialmente relevante e por isso juridicamente reconhecido como valioso».

---

[82] Jorge de Figueiredo Dias, 2001-A: 43.

O CDADC visa a protecção dos direitos de autor e direitos conexos, através das suas obras (dos autores) ou prestações (de titulares de direitos conexos). Os direitos de autor englobam o conjunto de faculdades morais ou pessoais e patrimoniais[83] atribuídas aos titulares de obras literárias, artísticas ou científicas sobre as mesmas. Os direitos conexos dizem respeito a artistas, aos produtores de fonogramas, aos produtores de videogramas e aos organismos de radiodifusão. A todos eles são atribuídos direitos, sendo o caso paradigmático os direitos dos autores que se subdividem em direitos morais ou pessoais e direitos patrimoniais. Como assinala Oliveira Ascensão[84], os direitos pessoais são todos aqueles que não são patrimoniais e apenas pertencem ao criador intelectual. Já os direitos patrimoniais englobam todas as faculdades destinadas «a reservar vantagens económicas derivadas da exploração da obra[85]», pelo próprio autor ou por terceiros, tendo neste caso o autor um direito de participação financeira[86].

No crime de usurpação o bem jurídico protegido circunscreve-se aos direitos patrimoniais de autores, intérpretes, executantes, produtores, editores e organismos de radiodifusão, bem como ao direito moral do autor ao inédito. O artigo 195.º protege os direitos

---

[83] Cfr. artigo 9.º, n.º 1 do CDADC.
[84] José de Oliveira Ascensão, 1992: 167.
[85] *Ibidem*, 197.
[86] *Ibidem*, 198.

patrimoniais[87] do autor e titulares dos direitos conexos nos n.ºs 1 e 2, als. b) e c). Já o n.º 2, al. a) protege o direito moral ao inédito, mas mesmo pode ser através de uma faculdade patrimonial do autor, e o n.º 3 visa salvaguardar os direitos transmitidos a outrem.

Em sentido contrário, defende-se no Ac. RP 18-01-1995 que os bens jurídicos protegidos pelos artigos 195.º, n.º 1 e 199.º são os mesmos, abrangendo tanto os direitos patrimoniais como os direitos morais que o autor tem sobre a sua obra. No entanto, esta consideração não é totalmente correcta.

O artigo 195.º, n.º 1 abrange eminentemente os direitos patrimoniais dos autores, sendo os direitos morais protegidos essencialmente pelos artigos 198.º e 196.º, embora o n.º 2, al. a) do artigo 195.º refira o direito ao inédito e implicitamente à paternidade da obra, opção legislativa de duvidosa coerência sistemática.

Assim, o bem jurídico protegido no n.º 1 é o conjunto de faculdades patrimoniais decorrentes da utilização da obra[88]; no n.º 2, alínea a) os direitos patrimoniais e o direito moral ao inédito, nas alíneas b) e c) os direitos patrimoniais. No n.º 3 o bem jurídico será o direito de outrem (editores, produtores de fonogramas e videogramas e organismos de radiodi-

---

[87] Neste sentido Ac. RE 18-02-1997.
[88] Entre os quais se podem referir os direitos de reprodução, distribuição, comunicação ao público, transformação e colocação à disposição do público.

fusão) atribuído pelo autor relativamente a determinada obra.

2 – Classificação do crime em função da estrutura do tipo[89]

2.1 Crime comum e crime específico

O crime pode ser classificado como crime geral ou comum e crime especial ou específico. O primeiro apresenta-se como o crime em que o agente não se encontra determinado, pelo que pode ser praticado por qualquer cidadão, sem possuir qualidade específica. Os crimes específicos são aqueles em que o agente detém «certas qualidades e *maxime* com qualidades que consistam na titularidade de uma situação juridicamente definida[90]». Os crimes específicos podem ser próprios ou impróprios, consoante exista apenas a previsão penal para os agentes com qualidades específicas (crimes específicos próprios) ou exista previsão para outros agentes em geral, sem qualidades específicas, embora se preveja uma diferente punição para quem revista determinada qualidade (crimes específicos impróprios).

O crime de usurpação apresenta-se como um crime simultaneamente comum e específico, conso-

---

[89] Sobre a classificação dos crimes, veja-se a título de exemplo, Teresa Pizarro Beleza, 1985: 107 e ss.; Jorge de Figueiredo Dias, 2001-B: 32 e ss., e Germano Marques da Silva, 2001: 29 e ss.
[90] Teresa Pizarro Beleza, 1985:109.

ante o número do artigo 195.º que estejamos a analisar.

Assim, os n.ºs 1 e 2 alíneas a) e b) do artigo 195.º prevêem um crime comum, pelo que o seu agente poderá ser qualquer cidadão. Não se exige qualquer atributo especial e específico do agente: «1- Comete o crime de usurpação quem (...) 2- Comete também o crime de usurpação: a) Quem (...) b) Quem (...)».

No n.º 2 alínea c) onde se lê «quem», pensamos que se deve ler «aquele». Isto porque o legislador não se refere a todos, mas apenas àqueles que primeiramente receberam uma autorização para utilizar a obra, prestação ou emissão. Estamos portanto perante um crime específico impróprio. Já o n.º 3 do mesmo artigo restringe o agente do crime, especificando uma qualidade especial – o autor. Deste modo, apenas os autores poderão praticar o crime de usurpação especificamente previsto no n.º 3. Esta situação poderia levar-nos a considerar, numa primeira análise, o crime de usurpação neste n.º 3 como um crime específico impróprio. No entanto, numa análise mais cuidada, verifica-se que estamos perante um crime específico próprio, pois a conduta prevista no n.º 3, não é, exactamente, a mesma que se encontra prevista nos n.ºs 1 e 2[91]. Assim, a previsão do n.º 3 existe apenas para os agentes com a qualidade específica de autores, enquanto criadores, consubstanciando

---

[91] Esta situação poderá levar-nos a questionar se o n.º 3 do artigo 195.º será um tipo incriminador autónomo, questão que será abordada infra.

uma conduta criminosa diferenciada daquela que se encontra prevista nos números anteriores, na medida em que é praticada pelo próprio autor da obra depois de ter cedido os direitos patrimoniais sobre esta e a conduta integrar-se-á no âmbito exclusivo dos direitos cedidos.

2.2 Crime de mera actividade e de resultado

Os crimes de mera actividade realizam-se com o último acto da acção e não produzem um resultado separável da acção[92], pelo que bastam-se com a simples acção do agente, independentemente da ocorrência ou não de um determinado resultado. Nas palavras de Eduardo Correia[93], «o preenchimento destes tipos resulta meramente de o agente fazer alguma coisa que não deve». Já os crimes de resultado implicam uma consequência de lesão ou colocação em perigo separada espacial e temporalmente da acção[94], pelo que é necessária a ocorrência de um evento, de uma lesão descrita no tipo, decorrente da conduta do agente. Como aponta Figueiredo Dias[95] de forma sucinta, existe uma distinção entre aquele tipo «cuja consumação pressupõe a produção de um resultado e tipos que para consumação é suficiente a mera acção». No primeiro caso estamos perante um

---

[92] Claus Roxin, 1997: 328
[93] Eduardo Correia, 1963: 286.
[94] Claus Roxin, 1997: 328.
[95] Jorge de Figueiredo Dias, 2007: 306.

crime de resultado e no segundo perante um crime de mera actividade.

O crime de usurpação (nos números 1 e 2 do art.º 195.º) é um crime de mera actividade uma vez que se funda apenas no desvalor da acção. O agente ao actuar conforme descrito no tipo coloca em causa as faculdades patrimoniais pertencentes ao autor e titular de direitos conexos e que só este delas pode usufruir ou autorizar outrem na sua utilização[96]. Quem actua de forma a ofender essas faculdades do autor e titular de direitos conexos, está a afectar os seus direitos, independentemente de qualquer resultado posterior que venha a ocorrer[97]. O autor vê-se assim afectado nas suas faculdades patrimoniais com a simples actividade do agente, não sendo necessário qualquer resultado, mormente uma lesão efectiva

---

[96] «São faculdades patrimoniais uma vez que o autor pode exigir um equivalente pecuniário por estas formas de utilização intermediária», como sublinha Alexandre Dias Pereira, 2001: 350.

[97] Pense-se, por exemplo, numa das faculdades patrimoniais como o direito de reprodução. Só o autor pode reproduzir a sua obra ou autorizar outrem a fazê-lo. Se alguém reproduz a obra de forma ilícita, sem a autorização do autor, está a praticar o crime de usurpação, independentemente de um evento posterior, de um resultado que pode vir a ocorrer ou não – o autor pode deixar de ter proveitos económicos decorrentes da reprodução ilícita, por exemplo se alguém deixar de comprar a sua obra porque obteve uma cópia ilícita, mas também essa situação pode não ocorrer porque essa mesma pessoa poderia nunca adquirir um exemplar da obra e por esse motivo a existência de uma reprodução ilícita não implicaria qualquer efectiva perda de proveito económico do autor. Neste sentido veja-se o Ac. STJ de 30/04/2008.

dos direitos de autor através do prejuízo económico do criador ou o enriquecimento ilícito do agente[98].

A previsão do crime de usurpação como de mera actividade justifica-se pela quase impossibilidade prática de comprovar no caso concreto se ocorreu ou não prejuízo patrimonial para o autor e, na afirmativa, qual o seu montante.

Poder-se-á ainda considerar o crime de usurpação um crime formal «na medida em que é indiferente a realização de um certo evento, no sentido de um certo resultado, de uma modificação do mundo exterior, causada pela actividade contida num certo tipo legal de crime[99]» ao contrário dos crimes materiais que ocorrem quando a realização de um certo evento interessa à valoração objectiva contida num certo tipo legal[100].

Pelo contrário, no n.º 3 do artigo 195.º estamos perante um crime de resultado, uma vez que se exige a ocorrência de um evento posterior, neste caso, a ofensa por parte do autor de direitos atribuídos a outrem. Estamos pois perante um crime de dano, neste n.º 3 pois a «realização do tipo incriminador

---

[98] No mesmo sentido, M. Aránzazu Moretón Toquero, 2002: 29, defende que também o tipo legal espanhol é um delito de mera actividade pois o crime produz-se com a realização da conduta descrita. No entanto, este entendimento não é unânime, entendendo alguma doutrina e jurisprudência espanholas que é necessário um efectivo prejuízo de terceiro, como o tipo legal indica.
[99] Eduardo Correia, 1963: 286 e 287.
[100] *Ibidem*, 286.

tem como consequência uma lesão efectiva do bem jurídico».[101]

3 – Classificação quanto ao tipo

3.1. Tipo aberto ou fechado?

Quando o legislador opta por descrever pormenorizadamente a conduta do agente, estamos perante um tipo fechado. Quando o legislador não pormenoriza a conduta do agente, deixando ao julgador a incumbência de, perante o caso concreto, completar o tipo, estamos perante um tipo aberto.

No nosso caso, encontramo-nos perante uma situação aparentemente paradoxal. Por um lado, o tipo legal do crime de usurpação surge como um tipo fechado, uma vez que se especifica a conduta do agente: quem utilizar, divulgar, publicar, coligir ou compilar uma obra (ou prestação, apenas no caso da utilização) comete o crime de usurpação, desde que os restantes pressupostos se encontrem preenchidos. Por outro lado, o tipo legal de crime poderá ser um tipo aberto, face à forma como se encontra construído, deixando ao julgador uma determinada margem interpretativa, designadamente face à referência «por qualquer das formas previstas neste código».

No entanto, pensamos que a margem interpretativa deixada ao julgador se prende primacialmente

---

[101] Jorge de Figueiredo Dias, 2007: 306.

com a deficiente tipificação, não sendo por isso um tipo aberto. Toda a construção do tipo conduz-nos a um tipo fechado, mas incompleto, em que as formas como o agente terá de actuar para praticar o facto estão expressamente previstas, mas carecem de conjugação com os elementos constantes das normas não penais do CDADC.

3.2 Tipo modal

O tipo legal pode ser causal, bastando-se com a descrição do «facto ou comportamento capaz de produzir o perigo ou a lesão do bem jurídico[102]». Noutras situações o tipo descreve um determinado modo como a conduta se tem de verificar. A execução do crime encontra-se, por isso, vinculada a uma forma prevista no tipo, tratando-se, neste caso, de um tipo modal.

O crime de usurpação é um crime modal, uma vez que o próprio tipo descreve a forma como se processa a actividade criminosa para ser merecedora de tutela penal: quem utilizar, divulgar, publicar, coligir ou compilar uma obra ou prestação (apenas no caso da utilização) pelas formas previstas.

---

[102] Germano Marques da Silva, 2001: 25.

CAPÍTULO IV
Análise dos Tipos

1 – O n.º 1 do artigo 195.º do CDADC

1.1 Elemento objectivo do tipo[103]

A actual redacção do crime de usurpação de direitos de autor e direitos conexos não diverge substancialmente da previsão das legislações que a antecederam.

De acordo com o n.º 1 do artigo 195.º, comete o crime de usurpação quem utilizar uma obra ou prestação por qualquer das formas previstas no código, desde que o faça sem autorização do autor ou do artista, do produtor de fonograma e videograma ou do organismo de radiodifusão.

---

[103] Sobre o tipo objectivo de ilícito, veja-se Jorge de Figueiredo Dias, 2001-B: 1 e ss.

1.1.1 O objecto do crime

O objecto do crime é o conjunto de faculdades patrimoniais sobre uma obra de um autor ou a prestação de um titular de direito conexo[104]. Impõe-se, por isso, a delimitação destes dois conceitos – obra e prestação.

A utilização indevida pode incidir sobre uma obra (enquanto exteriorização de criação intelectual[105] do domínio literário, científico e artístico, por qualquer modo exteriorizada[106]), uma prestação de artista, um fonograma (enquanto registo resultante da fixação, em suporte material, de sons provenientes de uma prestação ou de outros sons, ou de uma representação de sons[107]), um videograma (enquanto registo resultante da fixação, em suporte material, de imagens,

---

[104] O crime de usurpação não abrange os programas de computador e as bases de dados. Quanto aos primeiros, a punição penal encontra-se prevista no artigo 9.º, n 1 da Lei n.º 109/91, de 17/09, por remissão do artigo 14.º do regime jurídico dos programas de computador (Decreto--Lei n.º 252/94, de 20/10). Por seu lado, o regime jurídico das bases de dados (Decreto-Lei n.º 122/2000, de 04/07) pune no artigo 11.º a reprodução, divulgação ou comunicação ilegítima de bases de dados protegidas.

[105] Luiz Francisco Rebello, 2004: 62.

[106] Cfr. artigo 1.º, n.º 1. A lei brasileira (artigo 7.º da Lei n.º 9.610/98, de 19 de Fevereiro) não apresenta uma versão substancialmente diferente da portuguesa, caracterizando a obra como a criação do espírito, expressa por qualquer meio, ou fixada em qualquer suporte, tangível ou intangível, conhecido ou que se invente no futuro. No mesmo sentido o artigo 10.º da TRLPI e artigo 111.º do CPI.

[107] Cfr. artigo 176.º, n.º 4.

acompanhadas ou não de sons, bem como a cópia de obras cinematográficas ou áudio-visuais[108]) ou uma emissão radiodifundida (entendendo-se como a difusão dos sons ou de imagens, ou a representação destes, separada ou cumulativamente, por fios ou sem fios, nomeadamente por ondas hertzianas, fibras ópticas, cabo ou satélite, destinada à recepção pelo público[109]).

Sobre o que é uma prestação, a lei nada diz podendo caracterizar-se como o objecto dos direitos conexos, isto é, a «criação» de artistas, produtores e organismos de radiodifusão.

Incidindo o crime sobre uma obra ou prestação, do lado passivo, temos não só o autor (enquanto criador intelectual de uma obra[110]), mas também o artista intérprete ou executante (abrangendo os actores, cantores, músicos, bailarinos e outros que representem, cantem, recitem, declamem, interpretem ou executem de qualquer maneira obras literárias ou artísticas[111]), o produtor de fonograma ou videograma (enquanto pessoa singular ou colectiva que fixa pela primeira vez os sons provenientes de uma execução ou quaisquer outros, ou as imagens de qualquer proveniência, acompanhadas ou não de sons[112]) ou o

---

[108] Cfr. artigo 176.º, n.º 5.
[109] Cfr. artigo 176.º, n.º 9.
[110] Cfr. artigo 11.º.
[111] Cfr. artigo 176.º, n.º 2.
[112] Cfr. artigo 176.º, n.º 3.

organismo de radiodifusão (enquanto entidade que efectua emissões de radiodifusão sonora ou visual[113]).

Em Espanha, Gonzalo Quintero Olivares, com o qual concordamos e podendo aplicar-se à lei portuguesa com as devidas adaptações, critica a extensão da protecção penal aos direitos conexos, pois não é correcto equiparar esses direitos aos direitos dos criadores, dando um exemplo: «igualar, perante cópias ilícitas, os direitos do autor de uma partitura e os de um intérprete é excessivo»[114].

O legislador optou por vincular a execução do crime à utilização da obra ou prestação por qualquer das formas previstas no Código. Formulação semelhante foi seguida pelos legisladores brasileiro e francês ao considerar que comete o crime todo aquele que desrespeite as regras definidas na lei da propriedade intelectual[115]. Pelo contrário, o legislador espanhol optou por no próprio tipo referir directamente quais os modos de execução integradores do tipo: *reproducción, distribución, comunicación* pública, *interpretación o ejecución de obras*. Veja-se que também o legislador português, tanto no Lei de 8 de Julho de 1851, como no Decreto n.º 13 725 de 27 de Maio de 1927 optou por vincular claramente a prática do crime a condutas

---

[113] Cfr. artigo 176.º, n.º 9.
[114] Gonzalo Quintero Olivares, 2001: 1242.
[115] No artigo 335.º do CPI o legislador francês utiliza duas versões: «au mépris des lois et règlements relatifs à la propriété des auteurs» e «en violation des droits de l'auteur, tels qu'ils sont définis et règlementés par la loi».

expressamente formuladas no tipo legal, importando mais certeza quanto à conduta proibida e afastando qualquer possibilidade de estarmos perante uma norma penal em branco, o que se afigura mais correcto e consentâneo com o princípio da legalidade a que deve obedecer a lei penal.

1.1.2 A conduta típica

Circunscrevendo-nos agora às condutas integradoras do crime de usurpação, a lei penal portuguesa não explicita quais as condutas, referindo apenas que terá de ser por intermédio da utilização através dos modos previstos no Código, remetendo-nos para o Capítulo I do Título II, em especial para o artigo 68.º e 178.º. Pese embora diferentes formulações do tipo, a conduta abrangida pela lei penal portuguesa aproxima-se da lei espanhola[116] e francesa[117], abrangendo o leque de direitos patrimoniais dos autores. A lei penal protege «as obras literárias, artísticas e científicas, perante diferentes acções (reprodução, (...) distribuição, comunicação, transformação, interpretação, execução... todas elas feitas ilicitamente). Por

---

[116] Como acima referido o próprio tipo fala de *reproducción, distribución, comunicación pública, interpretación o ejecución de obras.*
[117] O tipo incriminador francês abrange essencialmente a reprodução, a representação e a difusão ilícitas, como afirmam André Lucas e Henri-Jacques Lucas, 2001:587 e ss. No mesmo sentido, Fréderic Pollaud-Dulian, 2005: 721 e ss.

isso, para o intérprete, o primeiro problema reside na delimitação desse objecto»[118].

Assim, a primeira e mais importante forma de utilização de uma obra e consequentemente de executar o crime de usurpação é a reprodução enquanto «multiplicação de exemplares da obra destinados a serem distribuídos pelo público»[119]. Este direito atribui ao seu titular «a possibilidade de reproduzir a obra ou a prestação protegidas (vertente positiva), bem como a faculdade de autorizar ou proibir essa actividade a todos os outros indivíduos (vertente negativa)»[120]. A reprodução implica a fixação da obra num meio que permita a sua comunicação e a obtenção de cópias da totalidade ou de parte da obra[121]. A fixação da obra pode confundir-se com a sua divulgação, pois, não raras vezes, a primeira pode servir para se alcançar a segunda. No entanto, ambas as formas de utilização da obra são independentes entre si[122]. A fixação nem sempre pressupõe divulgação e esta nem sempre depende da primeira[123].

---

[118] Gonzalo Quintero Olivares, 2001: 1239.
[119] Luiz Francisco Rebello, 1994: 203. Ou, de forma mais sucinta, enquanto fixação da obra. Entende-se por fixação a «outorga de suporte material a uma obra», cfr. José de Oliveira Ascensão, 1992: 229.
[120] Cláudia Trabuco, 2006: 19.
[121] José-Antonio Vega Vega, 2002: 139 e artigo 3.º, alínea e) da Convenção de Roma.
[122] Como assinala José de Oliveira Ascensão, 1992: 234, «quando se fala em direito de reprodução só se tem em vista a produção de exemplares.»
[123] Veja-se Carlos Rogel Vide, 2002: 51.

ANÁLISE DOS TIPOS

A reprodução é, porventura, o principal modo de execução do crime de usurpação. A multiplicação e generalização dos aparelhos que permitem efectuar reproduções de obras ou prestações, possibilitaram a obtenção rápida, fácil e mais barata de novas cópias não autorizadas pelos autores, artistas, produtores de fonograma e videograma ou organismos de radiodifusão[124].

A reprodução pode ser efectuada por qualquer meio, desde que idóneo a alcançar esse fim, isto é, desde que apto a reproduzir uma obra ou prestação, mesmo que com menos qualidade da obra ou prestação original.

A reprodução da obra ou prestação, para preenchimento do tipo legal, poderá ser total ou simplesmente parcial, desde que essa reprodução, naturalmente, não se integre numa utilização livre, pois neste caso estaríamos perante uma utilização lícita da obra ou prestação.

O crime consuma-se com a reprodução, total ou parcial, de obra ou prestação sem a autorização do titular do direito.

---

[124] As inúmeras apreensões efectuadas nos últimos anos, em Portugal e noutros países, de obras obtidas por reprodução ilícita demonstram o surgimento de uma realidade crescente, complexa e de difícil controlo: se por um lado, não é plausível a proibição de produção e venda de aparelhos que permitem a reprodução de cópias ou controlo total de sítios de partilha de ficheiros, por outro lado, a generalização destes aparelhos favorece exponencialmente o surgimento de reproduções ilícitas que integram o crime de usurpação de direitos de autor.

Outro modo de execução do tipo é a distribuição, isto é, a colocação à disposição do público do original ou cópias da obra ou prestação, por qualquer forma[125]. O autor tem o direito de explorar economicamente a sua obra[126], colocando os exemplares da mesma em circulação, por qualquer forma de distribuição do original ou de cópias da obra, tal como venda, aluguer ou comodato[127].

O crime de usurpação consuma-se com a distribuição por um terceiro não autorizado pelo autor, de cópias ou do original da obra e essa distribuição pode passar pela venda, aluguer ou comodato.

A comunicação ao público é outra forma de utilização da obra e caracteriza-se como a difusão ao público de uma obra ou prestação[128] e compreende as «formas de apresentação de uma obra que a fazem acessível ao público independentemente da posse de um exemplar»[129]. A comunicação ao público abrange

---

[125] Neste sentido, veja-se o artigo 6.º do Tratado OMPI sobre Direito e artigo 19.º da TRLPI.

[126] Cfr. artigo 67.º, n.º 1.

[127] Cfr. artigo 68.º, n.º 2, alínea f).

[128] Veja-se o artigo 2.º, alínea g) do Tratado OMPI sobre Prestações e Fonogramas.

[129] José de Oliveira Ascensão, 1992: 277. No mesmo sentido José--Antonio Vega Vega, 2002: 289, define comunicação ao público como «todo o acto pelo qual uma pluralidade de pessoas pode ter acesso à obra sem prévia distribuição de exemplares a cada uma delas» ou como afirma Gonzalo Quintero Olivares, 2001: 1245 pode-se também definir como qualquer modo eficaz de transmissão da ideia artística, literária ou científica, ou a interpretação ou execução,

diferentes modalidades, como a representação, a execução, a récita ou declamação, a exibição, ou a radiodifusão.

A comunicação, como vimos quando analisámos a reprodução, é independente da existência ou não de exemplar e como exemplo aponte-se o artista ou autor que de forma imediata comunica a sua prestação ou obra ao público, sem existir um prévio exemplar[130].

O crime de usurpação verifica-se quando, sem a autorização do respectivo titular de direitos, o agente comunica por qualquer forma uma obra ao público.

Assim se decidiu o Ac. RL 04-11-2003, referindo-se que comete o crime de usurpação previsto no n.º 1 a «inscrição num concurso e exibição pública de vídeo sem autorização da detentora dos direitos de autor».

A transformação é outra forma possível de utilização de uma obra, pese embora em Portugal só se faça referência implícita no artigo 3.º, n.º 1, alínea a) do CDADC e pode ser caracterizada como a «mudança de género ou mais latamente de linguagem, idiomática ou expressiva[131]» ocorrida a partir de uma obra original. Como o próprio termo indica, transformação é uma modificação do conteúdo da obra original, através de uma nova criação, sem desvirtuar a obra original. Como se refere no artigo 3.º a transformação compreende traduções, arranjos, instrumentações, dramatizações, cinematizações ou outras modifica-

---

[130] A título de exemplo veja-se um espectáculo de *stand up comedy*.
[131] Luiz Francisco Rebello, 2002: 38.

ções[132]. O autor da última obra será o detentor do direito de autor, sem prejuízo do direito do autor da obra preexistente[133]. Como exemplos mais comuns de transformação, podemos apontar as diferentes versões de uma obra musical ou a adaptação de uma obra literária, transformando-a em argumento para obra cinematográfica.

O crime de usurpação verifica-se quando o agente modifique a obra ou prestação, por qualquer forma, sem a autorização do respectivo autor ou titular de direito conexo.

Outra forma de utilização de uma obra é a colocação à disposição do público[134], por fio ou sem fio, de forma a torná-la acessível a qualquer pessoa a partir do local e no momento por ela escolhido[135].

O crime de usurpação verifica-se quando o agente coloca a obra ou prestação acessível a qualquer pessoa sem a autorização do titular do direito. Esta forma de utilização, face às evoluções tecnológicas, mormente

---

[132] No mesmo sentido o 21.º da TRLPI segundo o qual a transformação abraça a tradução, adaptação e qualquer modificação da sua forma de que derive uma obra diferente.

[133] «A transformação coloca ao lado da obra primitiva outra obra, que se baseia na essência criadora da obra primitiva, total ou parcialmente. É assim uma obra repetitiva, porque segue uma lição da obra preexistente, mas também é uma obra original enquanto inova para o meio de expressão, ou forma, escolhido», conforme refere José de Oliveira Ascensão, 1992: 253.

[134] Cfr. artigo 8.º do Tratado OMPI sobre Direito de Autor e artigo 14.º do Tratado OMPI sobre Prestações e Fonogramas.

[135] Cfr. artigo 68.º, n.º 2, alínea j).

a internet, apresenta-se como uma das formas mais frequentes da prática do crime de usurpação e de difícil controlo[136].

Nos termos do artigo 68.º, a utilização da obra pode fazer-se por qualquer dos modos actualmente conhecidos ou que de futuro o venham a ser. Mas esta situação suscita um problema quanto à análise da questão penal. Isto porque, nos termos do princípio *nullum crimen sine lege, nulla poena sine lege*, o tipo incriminador tem de conter todos os elementos necessários ao preenchimento do tipo. Mesmo nas situações em que nos encontramos perante um tipo incompleto, como no caso do crime de usurpação, o tipo tem de ser facilmente completável.

O artigo 195.º, n.º 1 utiliza a expressão «por qualquer das formas previstas neste Código», o que nos remete, designadamente, para o artigo 68.º, n.º 1, o qual por seu lado apresenta uma cláusula aberta, pois não compreende todas as formas possíveis de utilização, podendo a obra ser utilizada por qualquer dos modos actualmente conhecidos ou que de futuro o venham a ser. Ora, esta cláusula aberta não se compadece com a ideia de certeza que tem de revestir o tipo criminal. O agente tem de conhecer, à partida, qual a lei aplicável.

E como resolver esta questão?

---

[136] Veja-se os inúmeros programas de partilha *peer to peer* disponíveis na internet.

A solução que nos parece mais adequada é considerar que, quando o n.º 1 do artigo 195.º refere a utilização por qualquer das formas previstas no código, estas formas abrangem apenas aquelas que expressamente se encontram previstas no CDADC. Assim, a utilização por qualquer dos modos actualmente conhecidos ou que de futuro o venham a ser, mas que não constem do elenco do artigo 68.º ou de qualquer outra norma do CDADC não podem ser consideradas como utilizações previstas no tipo penal do artigo 195.º. Só desta forma podemos alcançar o respeito pelo princípio da legalidade, assegurando uma interpretação consentânea com os princípios constitucionais[137].

1.1.2.1 A questão particular da comunicação da obra em lugar público.

Já referimos que a comunicação ao público é uma das formas de utilização de uma obra e uma conduta que se pode subsumir ao crime de usurpação. Esta questão da comunicação da obra ao público e, mais especificamente, em lugar público é uma das mais controvertidas discussões jurisprudenciais relativa à prática ou não do crime de usurpação e prende-se concretamente com a necessidade de autorização prévia dos autores das obras para a recepção em lugares públicos de emissões de rádio e televisão. Este será, porventura, um dos temas relativos ao CDADC sobre

---

[137] Neste sentido, Alexandre Dias Pereira, 2001: 352 e 353.

o qual a jurisprudência mais se tem pronunciado, designadamente se uma conduta violadora do artigo 149.º, n.º 2 consubstancia ou não a prática do crime de usurpação[138].

Este dispositivo submete a uma autorização prévia a comunicação da obra em qualquer lugar público, por qualquer meio que sirva para difundir sinais, sons ou imagens[139].

Verifica-se que a lei apenas se refere à comunicação por qualquer meio que sirva para difundir sinais, sons ou imagens, desde que essa comunicação ocorra em lugar público.

Se por um lado, parece inequívoco o que se entende por lugar público – aliás a própria lei[140] delimita a todos os espaços a que seja oferecido o acesso, implícita ou explicitamente, mediante remuneração ou sem ela, ainda que com reserva declarada do

---

[138] A maioria das decisões dos tribunais superiores sobre o crime de usurpação debruça-se sobre este tema, o que demonstra a sua relevância para este estudo. Pelo contrário, a doutrina descura na análise deste tema as consequências que a defesa da necessidade de autorização ou não para a comunicação tem para o preenchimento do tipo incriminador. À data da última revisão do texto encontra-se pendente no STJ recurso para fixação de jurisprudência quanto a este ponto.

[139] No mesmo sentido mas de forma mais clara, o artigo 108.º, n.º 1 da TRLPI dispõe que pertence ao artista intérprete ou executante o direito exclusivo de autorizar a comunicação pública das suas actuações, salvo quando essa actuação constitua uma actuação transmitida por radiodifusão.

[140] Cfr. artigo 149.º, n.º 3.

direito de admissão – por outro lado o termo comunicação tem conduzido a entendimentos divergentes.

De um lado, defendendo a desnecessidade de autorização para a recepção de radiodifusão em lugar público temos Oliveira Ascensão e Pedro Cordeiro, acompanhados de um parecer do Conselho Consultivo da PGR[141] e, do outro lado, sustentando a necessidade de autorização temos Luiz Francisco Rebello, Ferrer Correia e Almeno de Sá, acompanhados por um parecer de António Maria Pereira a pedido da Sociedade Portuguesa de Autores[142].

Quanto à utilização do termo comunicação no artigo 149.º, n.º 2, conclui-se no parecer da PGR que o mesmo «significa transmissão ou recepção-transmissão de sinais, sons ou imagens». Assim, a «mera recepção em lugar público de emissões de radiodifusão não integra a previsão dos artigos 149º, nº 2, e 155º CDADC» pelo que «não depende nem da autorização dos autores das obras literárias ou artísticas apresentadas prevista no artigo 149º, nº 2, nem lhes atribui o direito à remuneração prevista no artigo 155º, ambos do CDADC. Do princípio de liberdade de recepção das emissões de radiodifusão que tenham por objecto obras literárias ou artísticas apenas se

---

[141] Parecer do Conselho Consultivo da PGR n.º P000041992 de 28/05/1992, in http://www.dgsi.pt/pgrp.nsf/, consultado em 20/11/2007.
[142] Também neste sentido e especificamente em relação ao crime de usurpação e à necessidade de autorização do autor para a radiodifusão por se tratar de uma nova utilização da obra, veja-se Filipa Almeida Esperança, 2005: 661 e ss.

exclui a recepção-transmissão envolvente de nova utilização ou aproveitamento organizados designadamente através de procedimentos técnicos diversos dos que integram o próprio aparelho receptor, como, por exemplo, altifalantes ou instrumentos análogos transmissores de sinais, sons ou imagens.»

A jurisprudência mostra-se dividida quanto à posição a tomar, defendendo-se a título exemplificativo, no Ac. RP 08-03-1995, que são lugares públicos, entre outros, os restaurantes, hotéis, pensões e outros estabelecimentos similares. «A televisão é a transmissão ou retransmissões de imagens e sons, propagada no espaço ou por cabo, destinada à recepção pelo público. (...) Comete o crime de usurpação, quem, sem autorização da Sociedade Portuguesa de Autores, utiliza uma obra por qualquer das formas previstas no Código dos Direitos de Autor. (...) A comunicação feita directamente entre a estação de televisão emissora e o público, sem que o dono do estabelecimento tenha tido nela qualquer intervenção, não integra aquele crime, pois não está dependente de autorização da Sociedade Portuguesa de Autores[143].»

Em sentido oposto, no seu parecer, Ferrer Correia e Almeno de Sá sustentam que no caso de existirem diversas utilizações de uma mesma obra, ligadas sequencialmente entre si, cada uma das utilizações necessita de autorização do autor, pois apenas se dis-

---

[143] No mesmo sentido, cfr. Ac. RP 08-03-1995, Ac. RL 10-05-95, Ac. RE 04-06-1996; Ac. RE 13-4-1999, Ac. RC.28-02-2001 e Ac. RC 17-04-2002.

pensa essa autorização quando a utilização não tem fim lucrativo, é realizada em meio privado e familiar.

No quadro legal do CDADC, na matéria relativa ao fenómeno da radiodifusão segundo aqueles autores, «podemos distinguir com clareza três situações, que identificam outras tantas actividades particulares dentro do contexto global da radiodifusão: a difusão de emissões, a redifusão e o de comunicação pública de emissões radiodifundidas. A cada uma destas situações corresponde um autónomo direito de autor[144]».

Assim, a autorização do autor para radiodifundir «só compreende a recepção privada da emissão por cada ouvinte – individualmente ou no respectivo círculo privado – no seu receptor.[145]» Conclui-se, por isso, que «em conformidade com o princípio da autonomia das modalidades de utilização, tal comunicação necessita de um específico consentimento do autor ou de quem o represente e dá origem à correspondente compensação patrimonial.[146]»

Assim, e neste sentido pronunciou-se o Ac. RE 20-04-1994 que «a mera recepção de emissões de radiodifusão ou de TV, em qualquer lugar público, consubstancia um acto de comunicação dependente de autorização dos autores das obras apresentadas»[147].

---

[144] A. Ferrer Correia e Almeno de Sá, 1994: 15.
[145] Ibidem, p. 43.
[146] Ibidem, p. 62.
[147] No mesmo sentido, Ac. RP 01-10-97, embora tenha conduzido a absolvição por erro sobre os elementos de facto; Ac. RL 17-12-2002 e Ac. RG 02-07-2007.

À luz da lei portuguesa e do artigo 11.º da Convenção de Berna, parece difícil sustentar que a mera recepção se possa comparar à comunicação pública de uma obra, pois esta implica uma nova utilização da obra, uma recepção-transmissão que não se verifica no primeiro caso, ou seja, na mera recepção.

Para existir radiodifusão tem de se verificar uma recepção, que Pedro Cordeiro, na esteira do autor alemão Eugen Ulmer, apelida de «princípio sagrado – o da liberdade de recepção»[148].

A recepção resume-se à mera utilização dos aparelhos de televisão, rádio e internet, e, naturalmente, esta mera utilização não pode carecer de prévia autorização dos autores, uma vez que os direitos destes já se encontram previamente protegidos pela autorização anterior concedida pelos próprios autores para a radiodifusão das suas obras através dos canais de televisão, estações de rádio ou sítios da internet.

E esta mera utilização destes aparelhos poderá ser efectuada em qualquer local, independentemente, de se tratar de um espaço privado ou de um local aberto ao público.

Diferente desta mera utilização dos aparelhos de televisão e rádio ou da internet é a utilização de meios auxiliares para «difundir sinais, sons ou imagens», o que já poderá consubstanciar uma comunicação pública no seguimento do artigo 11-bis, n.º 1, 1ª da Convenção de Berna e do artigo 149.º, n.º 2 do CDADC.

---

[148] Pedro João Fialho da Costa Cordeiro, 2004: 467.

Não abrange o artigo 149.º, n.º 2 a recepção porque esta não pressupõe autorização. Pelo contrário, os meios utilizados para a difusão, amplificando exponencialmente a recepção pressupõem uma autorização do autor. Deve-se, assim, entender o artigo 149.º, n.º 2, indissociável na sua interpretação do n.º 1 do mesmo artigo e do artigo 155.º, como elemento protector dos direitos patrimoniais dos autores e titulares de direitos conexos no sentido de que depende destes a utilização de novos meios que possibilitem uma amplificação da recepção anteriormente não abrangida, isto é, meios que tendo em vista uma comunicação a um número não concretamente quantificável de pessoas, os quais, adicionados aos vulgares aparelhos de recepção de sinais, permitem alcançar um maior número de pessoas que, originariamente, não seria possível. Assim, a colocação de ecrãs gigantes num lugar público carece de autorização. Mas já não é necessária essa autorização a recepção e visionamento da radiodifusão sonora ou visual, mesmo que existam meios auxiliares para aumentar a qualidade da recepção, como colunas de som ou pequenos ecrãs de projecção em estabelecimentos.

Neste sentido, Pedro Cordeiro[149] questiona se «ligar um daqueles aparelhos em casa seria recepção, fazê-lo num local público seria comunicação. Como seria isso possível se o acto é o mesmo?!»

---

[149] *Ibidem*, p. 471.

Diferente situação e que por vezes se parece confundir com a radiodifusão, é a comunicação ao público de fonograma ou videograma por parte de alguém que carece de autorização do autor[150], mesmo que esse fonograma ou videograma tenha sido previamente adquirido por aquele que faz uma nova utilização dessa obra[151].

Assim, é diferente a mera recepção de um canal de televisão ou rádio, da audição ou visionamento de um CD ou DVD num estabelecimento comercial ou qualquer outro aberto ao público. Se aparentemente esta distinção parece indiferente por se tratar de conduta semelhante, não o é na realidade. Na audição de um CD ou visionamento de um DVD, não existiu, à partida, autorização do autor para que estes fossem comunicados ao público por terceiros. O autor autorizou a reprodução da sua obra, fixando-a e fazendo circular os seus exemplares, mas este facto não faz pressupor a autorização para terceiros comunicarem a sua obra ao público.

Na recepção de radiodifusão, o autor ou titular de direitos conexos autorizou a comunicação e a disposição ao público da sua obra, por um meio que facilmente atinge grandes massas de consumidores. Pelo que é indiferente que as pessoas acedam em casa,

---

[150] Neste sentido Ac. STJ 11-03-1997.
[151] Neste sentido, Ac. RE 07-04-1992 onde se refere que «comete o crime de usurpação o proprietário de estabelecimento que sem autorização dos autores exiba publicamente videogramas que contêm obras cinematográficas de autores representados pela SPA.»

ou num local público. E mesmo tratando-se de um local público, é indiferente ao autor se o acesso se faz por aparelhos com maior ou menor qualidade, com maior ou menor amplitude. O mesmo não sucede se alguém, aproveitando a recepção de emissão radiodifundida, efectua uma nova utilização da obra[152], como atrás se referiu.

Pensamos que é esta a interpretação mais consentânea com a letra da lei e com a coerência do sistema. Veja-se, aliás, que o legislador foi bastante cuidadoso nos termos utilizados, referindo-se no artigo 149.º, n.º 1 à radiodifusão e no artigo 149.º, n.º 2 à comunicação da obra. Realidades distintas!

Assim, consideramos indiferente para a análise do crime em estudo a autorização do autor para que certo estabelecimento aberto ao público possa recepcionar radiodifusão pois, neste caso, quem recebe a emissão está abrangido pela liberdade de recepção (e só nestes casos, pois, como vimos, a audição e visionamento de fonogramas e videogramas não radiodifundidos já carece de autorização). Isto porque, para aqueles casos, já existe uma autorização para a radiodifusão pelo que o visionamento vulgar num espaço público em nada altera a autorização já concedida. Quem adquire um aparelho de recepção de emissões radiodifundidas, seja para uso privado ou para colocação em lugar público, está a fazê-lo na convicção

---

[152] Como exemplo podemos referir a criação de uma ligação ilícita a uma rede de radiodifusão por cabo.

de realizar o uso natural desses aparelhos, ou seja, adquire-os para receber a emissão e não para alcançar uma nova utilização da obra.

Mesmo se se considerar necessária uma licença, a falta de pagamento do montante da licença, poderá ser exigida ao infractor. Mas essa questão não implica a prática de um crime. A falta de licença não pode ser confundida com a falta de autorização e nova utilização da obra ou prestação e consequentemente com a prática de um crime. São questões distintas. Para a prática do crime de usurpação, o agente tem de actuar, fazendo uma nova utilização dos direitos patrimoniais dos autores. Assim, a recepção de emissão radiodifundida equipara-se a uma mera fruição da obra ou prestação, uma utilização consentida pelo CDADC, não consubstanciando qualquer acto ilícito e, por isso, a prática de qualquer crime.

Se o autor autoriza a radiodifusão da sua obra, objectivamente está a autorizar uma normal recepção dessa mesma obra, pelos vulgares aparelhos que servem para o efeito, seja num espaço privado ou público. Seria absolutamente incoerente e contrário àquilo que a lei dispõe defender uma autorização para a radiodifusão e uma nova autorização para a mera recepção, pois esta é o seguimento natural daquela e não uma nova e independente utilização da obra. Esta recepção é, deste modo, uma conduta não prevista no tipo incriminador de usurpação.

1.1.3 O sujeito activo

Em termos gerais, pode caracterizar-se o sujeito activo de um crime como aquele que pode ser responsabilizado criminalmente pela prática de um facto (seja aquele que o executa, ou que nele intervém[153]).

No caso em estudo, o agente do crime pode ser qualquer pessoa singular. Como vimos, a utilização da obra, sem a autorização do autor, pelas formas analisadas, pode conduzir à prática do crime. Essa utilização pode ser efectuada por qualquer pessoa singular, em seu benefício, ou por agentes de uma pessoa colectiva, em benefício desta. No entanto, neste último caso não estaremos perante responsabilidade criminal das pessoas colectivas pois esta está dependente do preenchimento dos requisitos previstos no artigo 11.º do CP, os quais não abrangem os crimes previstos no CDADC[154]. O mesmo sucede

---

[153] Nos termos previstos para a comparticipação, cumplicidade e instigação. Cfr. artigos 26.º e 27.º do CP.

[154] A recente alteração do CP, alterou profundamente a matéria da responsabilidade criminal das pessoas colectivas. No entanto, nessa alteração, não foram tidos em conta os crimes previstos em legislação avulsa, designadamente os crimes previstos no CDADC, o que permite que continuem, nesta área, a subsistir situações em que, pese embora os factos sejam cometidos em benefício das pessoas colectivas, para estas não resultará qualquer responsabilidade criminal. Assim, numa situação recorrente, em que alguém efectua reproduções ilícitas de fonogramas para benefício de um estabelecimento comercial, a responsabilidade apenas incidirá sobre a pes-

em Espanha, pelo que só os gerentes, administradores ou representantes legais das pessoas colectivas respondem criminalmente[155]. Pelo contrário, em França[156] prevê-se expressamente a responsabilidade das pessoas colectivas nos crimes lesivos da propriedade intelectual.

Desde já, numa primeira análise, constata-se que este tipo não abrange, ao contrário do que o próprio refere, toda a utilização de obra ou prestação sem autorização, uma vez que, por exclusão de partes, o n.º 1 do artigo 195.º só abrange as condutas não incluídas nos n.ºs 2 e 3 do mesmo artigo, bem como as descritas nos outros tipos penais previstos no código, referentes aos direitos morais dos autores. Assim, na análise de uma conduta deve verificar-se se os factos preenchem as restantes condutas penais e, só caso a resposta seja negativa, a conduta se pode integrar neste n.º 1. Como refere Oliveira Ascensão[157], «este tipo é muito difícil de fixar. O art.º 195.º/1 teria unidade: seria toda a utilização não autorizada de obra ou prestação alheia. Mas há que contar com as ampliações do n.º 2».

---

soa singular, mesmo que esta não tenha daí retirado directamente qualquer benefício pessoal.
[155] José-Antonio Vega Vega, 2002: 238.
[156] Cfr. artigo 335-8 CPI. Neste sentido veja-se Fréderic Pollaud--Dulian, 2005: 780.
[157] José de Oliveira Ascensão, 1993: 23.

1.2 Elemento subjectivo do tipo[158]

Torna-se necessário conjugar a análise do n.º 1 do artigo 195.º, com o artigo 197.º, n.º 2 para a análise do elemento subjectivo do tipo.

A conduta do agente pode ser dolosa ou negligente, sendo certo que à luz do CP português, a negligência só é punível nos casos expressamente previstos na lei[159]. No entanto, como se referiu *supra*, o artigo 197.º, n.º 2 prevê a punição da conduta negligente para os crimes previstos no título IV.

A conduta do agente pode ser dolosa ou negligente, em qualquer das suas modalidades[160], contrariamente ao que sucede em Espanha, onde só o dolo é punido, visto que a conduta do agente tem de ser pautada com intuito lucrativo e em prejuízo de terceiro[161] e em França onde é necessário um carácter

---

[158] Sobre o tipo subjectivo de ilícito, veja-se Jorge de Figueiredo Dias, 2001: 79 e ss – B.

[159] Cfr. artigo 13.º do CP.

[160] Cfr. artigos 14.º e 15.º do CP. Sobre o dolo e negligência veja-se Jorge de Figueiredo Dias, 2001: 243 e ss – A.

[161] Opinião contrária tem José-Antonio Vega Vega, 2002: 142 quando critica esta exigência, considerando-a censurável pois a tipificação era clara e as condutas previstas no CP revogado não exigiam nem o prejuízo patrimonial, nem o intuito lucrativo e reforça a ideia de que na repressão das infracções dos direitos de autor predomina a ideia económica. Não se incrimina na legislação espanhola a negligência, exigindo-se segundo alguns autores o dolo directo (cfr. José-Antonio Vega Vega, 2002:142) ou como outros autores defendem a supressão do advérbio «intencionalmente» ocorrida na última reforma penal permite a admissão do dolo eventual (cfr. Gonzalo Quintero Olivares,

ANÁLISE DOS TIPOS

intencional da infracção[162]. No Direito Brasileiro[163], prevê-se igualmente a punição apenas da conduta dolosa uma vez que é necessário o intuito de lucro por parte do agente. Como sustenta a jurisprudência brasileira, o dolo do crime de violação do direito autoral «exige o intuito de lucro e a consciência de que a mercadoria foi produzida ou reproduzida com violação de direitos autorais»[164].

Como se referiu quando analisámos o princípio da Legalidade, não se vislumbra qualquer situação susceptível de ser simultaneamente negligência e censurável e, assim, merecedora de tutela e repressão penal.

2001: 1247). A nova redacção do tipo incriminador espanhol implica que a conduta do agente obedeça a três critérios: a consciência de que se está a realizar uma conduta do tipo; a voluntariedade de levar a cabo a acção; o conhecimento de que os direitos da obra pertencem a terceiros, ainda que desconheça a quem efectivamente pertencem (José-Antonio Vega Vega, 2002: 326). É, deste modo, necessário um requisito adicional, a «consciência de que pertence a outrem (Gonzalo Quintero Olivares, 2001: 1247).

[162] André Lucas e Henri-Jacques Lucas, 2001: 598.
[163] Cfr. artigo 184.º do CP brasileiro.
[164] Ac. Tribunal Regional Federal da 4.ª Região, 5-9-2007, relator Luiz Carlos Canalli, Ac. Tribunal Regional Federal da 4.ª Região, 25/07/2007, relator Élcio Pinheiro de Castro in http://www.trf4.gov.br/trf4/jurisjud/pesquisa.php, Ac. Tribunal de Justiça do Estado do Rio de Janeiro, 27/03/2007, Relator José de Magalhães Peres, in http://www.tj.rj.gov.br/ , consultados em 20-01-2008.

1.3 Elemento negativo do tipo

O crime de usurpação só se consuma nas situações em que a autorização se revela necessária. Assim, quando já foi ultrapassado o período de protecção da obra ou quando o agente actua no âmbito de uma utilização livre permitida pela lei não carece de autorização do autor, não cometendo assim qualquer crime. As utilizações livres, a par da autorização, actuam por isso, neste n.º 1 do artigo 195.º como elemento negativo do tipo.

1.3.1 Autorização

Denominador comum, tanto em Portugal, como em Espanha[165], França[166] e Brasil[167], a autorização do autor ou titular de direito conexo actua como elemento negativo do tipo, isto é, como facto que, a verificar-se, exclui a tipicidade e consequentemente implica a inexistência de crime.

Dispõe o artigo 9.º, n.º 2 que no exercício dos direitos de carácter patrimonial o autor tem o direito exclusivo de autorizar a fruição ou utilização da

---

[165] José-Antonio Vega Vega, 2002: 304.
[166] O artigo 335.º do CPI não refere explicitamente a autorização, mas ao utilizar a expressão «au mepris des lois» subentende-se, *a contrario*, que se a lei prevê a possibilidade dos autores cederem os seus direitos, esta cedência actua como elemento negativo.
[167] Cfr. artigo 184.º §1 do CP brasileiro.

obra por terceiro, total ou parcialmente[168]. Assim, sendo lícito ao autor ceder os seus direitos patrimoniais sobre a obra e uma vez que no crime de usurpação estamos perante a afectação de faculdades patrimoniais dos autores, justifica-se a existência da autorização como elemento negativo do tipo. Situação diferente seria se estivéssemos perante direitos morais[169], os quais se mostram inalienáveis e intransmissíveis[170].

Importa ainda esclarecer o que se deve entender por autorização, face à sua importância na análise do tipo. Deste modo, autorização é o consentimento para a utilização da vertente económica da obra[171], isto é, a permissão clara e inequívoca para utilizar a obra[172].

Relativamente à autorização Quintero Olivares salienta que não é obrigatória a forma escrita para a autorização, uma vez que pode ocorrer uma autori-

---

[168] No mesmo sentido o artigo 40.º atribui ao titular originário a faculdade de autorizar a utilização da obra por terceiro.

[169] Cfr. artigo 56.º, n.º 2.

[170] Também no Direito Brasileiro, a Constituição da República Federativa e a Lei n.º 9.610/98 conferem ao autor o direito exclusivo de utilizar, publicar e reproduzir as suas obras literárias, artísticas, científicas e de comunicação. «Enquanto os direitos morais são personalíssimos, intransferíveis e irrenunciáveis, os direitos patrimoniais podem ser transferidos total ou parcialmente, através de licenciamento, concessão, cessão, autorização» como afirma Luiz A. A. Pierre, *Direito de Autor – Algumas limitações legais*, in www.verbojuridico.net, consultado em 19/01/2008, p. 7.

[171] Sobre o termo «autorização» no CDADC e os seus dois sentidos, veja-se António de Macedo Vitorino, 1995: 32.

[172] Gonzalo Quintero Olivares, 2001: 1246.

zação tácita, embora com reservas uma vez que a lei espanhola, tal como a portuguesa[173], prevê a forma escrita para a cessão de direitos. A mesma situação se pode aplicar à legislação portuguesa. Se é inequívoco que a lei não penal estabelece a obrigatoriedade da forma escrita, para as normas penais, o termo autorização deve ser interpretado como não possuindo restrições de forma, abrangendo a autorização por qualquer meio, expressa ou tácita.

O termo autorização utilizado no tipo incriminador deve entender-se de forma ampla e englobar a autorização *stricto sensu* referida no artigo 40.º, alínea a), como também a cedência e oneração[174] de direitos, prevista na alínea b). Todos estes actos, são actos da vontade do autor, pelo integram um conceito mais vasto de autorização. À luz do artigo 195.º não faria sentido afastar o elemento negativo do tipo decorrente da autorização, quando o direito tivesse sido transmitido ou onerado, ou simplesmente se verificasse uma autorização sem a forma escrita.

Um problema se coloca neste ponto. O artigo 40.º, alínea b) prevê a possibilidade de o autor ceder ou onerar, no todo ou em parte, o conteúdo patrimonial sobre a sua obra o que implica que não pode mais utilizar o direito cedido ou onerado, enquanto vigorar a

---

[173] Cfr. artigos 41.º, n.º 2 e 44.º. No mesmo sentido, a lei brasileira no artigo 29.º da Lei 9.610/98 prevê a autorização expressa e prévia do autor.

[174] Sobre a transmissão e oneração no artigo 40.º, veja-se António Macedo Vitorino, 1995: 29 e ss.

cedência ou oneração. Assim, se o autor cedeu ou onerou o conteúdo patrimonial, poderá um terceiro utilizar a obra sem autorização do autor uma vez que este já não pode dispor dos seus direitos patrimoniais (ou pelo menos do conteúdo cedido ou onerado)? Seria muito grosseiro que o titular originário não pudesse controlar utilizações não autorizadas, mesmo já tendo cedido os seus direitos patrimoniais. Pelo exposto, a resposta tem necessariamente de ser negativa e o titular originário, mesmo que tenha cedido ou onerado o conteúdo patrimonial da sua obra, continua a poder impedir a utilização da obra por terceiros, que não aquele a quem foi cedido ou onerado, salvo previsão expressa dessa possibilidade no acto de cessão ou oneração.

E se aquele a quem foram cedidos os direitos tiver por sua vez autorizado a utilização da obra por um terceiro e o autor discordar? A resposta a esta questão, encontra-se resolvida pelo próprio CDADC. Prevê-se expressamente que o editor não pode transferir para terceiros os direitos emergentes do contrato de edição se não tiver a autorização do autor[175]. Em todas as outras situações é admissível a ultradisposição, exceptuando-se as situações em que a natureza *intuitu personae* do próprio contrato ou as cláusulas do próprio contrato impeçam essa ultradisposição. Nestes casos aplicar-se-ão a compensação suplemen-

---

[175] Cfr. artigo 100.º, n.º 1.

tar[176] – tendo o criador direito a esta compensação se sofrer grave lesão patrimonial derivada da desproporção entre os seus proventos e os lucros auferidos pelos beneficiários da transmissão ou oneração – ou direito de sequência – tendo o autor direito a uma participação por cada transacção da sua obra[177], como forma de compensar os titulares originários. Pelo exposto, aquele terceiro que tenha sido autorizado pelo cessionário a utilizar a obra, não pratica qualquer crime, devendo equiparar-se esta autorização, à autorização concedida pelo autor. Naturalmente, só assim será naquelas situações em que o cessionário não ultrapassou o conteúdo patrimonial que lhe havia sido cedido. Se ocorreu excesso, poderemos estar perante a situação prevista na alínea c) do n.º 2 do artigo 195.º.

Quanto à autorização é de salientar que a lei fala de autorização do autor e já não dos seus sucessores, o que, em conjugação do artigo 40.º com o artigo 195.º, implica que, se o autor tiver falecido e a obra for utilizada por terceiro não autorizado, já não estaremos perante a prática de um crime, mas eventualmente perante responsabilidade civil por facto ilícito se a obra ainda se encontrar protegida.

---

[176] Cfr. artigo 49.º.
[177] Cfr. artigo 54.º. Sobre direito de sequência, veja-se Maria Vitória Rocha, *Direito de sequência em Portugal,* in http://www.verbojuridico.net/doutrina/autor/dtosequencia.html

1.3.2 As utilizações livres como elemento negativo do tipo

O Direito de Autor nasce da necessidade de equilibrar a relação entre os interesses público e privado e os direitos dos criadores. De um lado da balança, encontra-se a função social do Direito de Autor, norteada pelos interesses, simultaneamente públicos e privados, de direito de acesso à cultura, à informação e à educação, direitos fundamentais presentes nos diversos catálogos de direitos humanos. Por outro lado, apresentam-se os interesses próprios dos autores na protecção das suas obras, fruto da sua criatividade e esforço e numa correcta e justa recompensa económica pelo seu trabalho intelectual, servindo ainda como estímulo para novas criações[178].

A cultura e a informação converteram-se nos protagonistas da nova ordem social e económica. Esta importância crescente tem conduzido à discussão sobre se as criações intelectuais são uma mera mer-

---

[178] O que para alguma doutrina também é uma manifestação do interesse público. Neste sentido, Patricia Akester, 2004: 119 e 120: «O interesse público justifica a outorga de um monopólio aos autores, bem como certas excepções e limitações que a esse monopólio são estabelecidos. Significa isto que, por um lado, se pretende incentivar a produção criativa através da concessão de direitos morais e patrimoniais e, por outro, se pretende assegurar o acesso público às obras, comprimindo esses direitos. As excepções e limitações contribuem para a manutenção do equilíbrio entre interesse público em recompensar os autores e, assim, estimular futuros esforços criativos, e o interesse, também ele público, no acesso à informação e à cultura.»

cadoria, norteada pelo direito de propriedade ou se constituem bens de interesse cultural para permitir a liberdade de expressão e a difusão da informação[179]. A solução mais adequada tem de passar pela adaptação às constantes mutações sociais e tecnológicas, tentando manter o equilíbrio de interesses[180].

Todos os direitos subjectivos, onde podemos integrar os direitos de autor e direitos conexos, devem pautar o seu exercício pelo princípio da boa fé e pela proibição de abuso de direito[181]. O direito de autor integra características próprias que o delimitam, são «limites naturais, derivados da sua própria natureza, da maneira como está configurado pelo ordenamento»[182].

O legislador, ciente desta multiplicidade de interesses[183], procurou uma solução de compromisso, permitindo, positivamente, a atribuição de direitos

---

[179] Fernando Garbajo Gascón, 2003: 157 e 158.

[180] Como afirma Carlos Rogel Vide, 2002: 59, é comum dizer que os limites têm a sua razão de ser no equilíbrio entre os criadores e os destinatários das obras, destinatários integrados numa sociedade cujo acervo cultural seria, em maior o menor medida, «caldo de cultivo» das próprias criações, por muito que os autores resistam à bondade e certeza da afirmação.

[181] Cfr. artigos 227.º e 334.º do CC.

[182] Carlos Rogel Vide, 2002: 59.

[183] Também neste sentido, José de Oliveira Ascensão, 1992: 216: «o Direito de Autor realiza a conciliação de interesses públicos e privados, de regras de cultura com preocupações de remuneração do autor, e assim por diante (...) Por isso, os limites, como o nome indica, delimitam intrinsecamente os direitos; não são obstáculos exteriores a uma imaginária ilimitação».

aos criadores e de protecção das suas obras e, negativamente, impondo fronteiras a esses limites, fronteiras essas motivadas, precisamente, pelos direitos, universais e fundamentais[184], de acesso à cultura, à educação, à difusão de ideias e ao livre desenvolvimento da personalidade.[185]

Ao contrário do que sucede com a atribuição de outros direitos, por exemplo, direitos de propriedade sobre coisas corpóreas, onde se pretende, primeiramente, defender o direito à efectiva propriedade e o seu usufruto, mesmo que com limitações, no Direito de Autor, a função primária deve ser entendida como a necessidade de conciliação de interesses entre os criadores e os consumidores e esta função deve nortear a interpretação das disposições legais, entre elas o tipo incriminador em estudo. Deste modo, não existem excepções ao Direito de Autor, mas frontei-

---

[184] A CRP consagra o direito à cultura numa dupla vertente – protecção dos criadores, assegurando a difusão da cultura. Como afirma Maria Cristina Machado, 1999:7 «a intervenção do Estado Social no domínio cultural apoia-se, assim, nas ideias-chave de promoção positiva da liberdade e da igualdade e de promoção positiva do acesso dos cidadãos à cultura.

[185] Também no Brasil, «as Convenções Internacionais, a Constituição Federal Brasileira, a Lei de Direitos Autorais, a Doutrina e a Jurisprudência caminham dentro do equilíbrio necessário para conceder ao autor o fundamental direito de autoria como incentivo à sua criação do espírito, à sua arte, ao seu dom e, ao mesmo tempo, para manter o direito, igualmente fundamental, da difusão da cultura» Luiz A. A. Pierre, *Direito de Autor – Algumas limitações legais*, www.verbojuridico.net, p. 19.

ras delimitativas, limites naturais ou, como preferiu o nosso legislador, utilizações livres[186].

Se na origem da atribuição de direitos aos autores e de protecção das suas obras não se encontram poderes ilimitados e direitos absolutos, mas uma limitação endógena motivada pelos interesses dos consumidores das criações, então estas limitações não são verdadeiras excepções.

Atente-se que esta distinção entre limitações intrínsecas aos direitos do autor e de excepções pode implicar relevantes consequências práticas, pelo que optar por uma teoria ou por outra, pode conduzir a distintas ilações. Considerar que as utilizações livres são verdadeiros limites e não meras excepções abre portas à admissibilidade de uma interpretação extensiva[187]. Permitir, como nos parece mais correcto, uma interpretação mais abrangente das utilizações livres[188], pode implicar uma menor amplitude do crime de usurpação. No tipo incriminador, se se considerar as utilizações livres como limitações intrínsecas, estaremos perante um elemento negativo do tipo,

---

[186] O legislador nos sistemas de *Civil Law* tendeu a optar pela enumeração das situações que integram os limites ao Direito de Autor, enquanto nos sistemas de *Common Law* optaram pela chamada cláusula de *fair use*, uma cláusula geral e aberta, comparativamente à enumeração dos limites. Assim, o legislador espanhol optou por denominar de «límites» (TRLPI), na Alemanha por «Schranken» (Urhg), em França pela expressão «l'auteur ne peut interdire» (CPI) e na Convenção de Berna «livre utilização» e «utilizações livres».

[187] Cfr. artigo 11.º do CC.

[188] Neste sentido, veja-se Christophe Geiger, 2004: 412.

enquanto se as mesmas forem consideradas excepções, terão de ser consideradas na análise do crime, como causas de exclusão da ilicitude.

Se optarmos por considerar que existe um direito de uso de obra ou prestação, então o utilizador ao actuar de acordo com uma utilização livre, está a exercer um direito e a sua conduta é lícita. Se optarmos por considerar que estamos perante uma excepção ao direito fundamental de livre criação[189] estamos perante uma causa de exclusão da ilicitude[190]. A nosso ver, na análise penal, a solução mais consentânea é uma opção intermédia. Veja-se que o tipo penal necessita de ser completado com outras disposições do CDADC para se alcançar o seu conteúdo. E esse conteúdo abrange as utilizações livres como limites negativos às faculdades patrimoniais dos autores e titulares de direitos conexos. No tipo penal, nem estamos perante um direito de uso, nem perante uma excepção. Em causa estão dois grupos de direitos fundamentais: de um lado o direito à criação intelectual e do outro o direito de acesso à cultura. Perante estes dois direitos é necessário encontrar um equilíbrio que os salvaguarde de forma proporcional. E pensamos que esse equilíbrio se alcança precisamente se considerarmos as utilizações livres como fronteiras às faculdades patrimoniais dos autores, que não as colocam em causa nem restringem substancialmente,

---

[189] Neste sentido veja-se, José Joaquim Gomes Canotilho, 2004.
[190] Sobre as diferentes teorias, veja-se Cláudia Trabuco, 2007: 30 e ss.

mas que permitem que o público, em certas circunstâncias aceda à obra.

Como limitações intrínsecas previstas nos artigos 75.º e ss.[191], na esteira de Oliveira Ascensão[192] podem apontar-se as citações, restrições para fins de informação pública, restrições para fins de ensino, cultura e investigação científica, e ainda a própria cópia privada[193].

Como se decidiu no Ac. RL 16-12-1992, não cometem o crime de usurpação as arguidas, proprietária e empregada de um clube de vídeo, que gravaram para seu próprio uso, o conteúdo de duas videocassetes originais e legalizadas, a fim de, por meio de visionamento dos seus filmes, ficarem habilitadas a poder dar aos clientes opinião sobre os filmes reproduzidos. O CDADC «prevê casos de utilização lícita sem consentimento do autor, nomeadamente no seu artigo 81.º, em cuja alínea b) se estabelece ser consentida a reprodução para uso exclusivamente privado (...) logo a conduta das arguidas, por traduzir utilização normal para próprio uso das reproduções, perfila-se *ipso lege* como legal e legítima».

Saliente-se que as limitações subjacentes às utilizações livres só afectam a vertente económica da obra e não os direitos pessoais dos autores, os quais se apresentam inalienáveis e intransmissíveis e, por isso, insusceptíveis de utilização por terceiros.

---

[191] Quanto às utilizações livres nos direitos conexos, cfr. artigo 189.º.
[192] José de Oliveira Ascensão, 1992: 217 e ss.
[193] Assumindo esta um especial relevo será analisada autonomamente.

1.3.3 A cópia privada, em especial[194]

A cópia privada assume um especial relevo, desde logo, porque conjuga aquele que, porventura, é o principal ou pelo menos, o que possui maior expressão, direito patrimonial dos autores e titulares de direitos conexos, o direito de reprodução e o interesse dos consumidores a reproduzirem para si os exemplares da obra de que são proprietários. Mas a relevância da cópia privada não se esgota neste ponto. Com a proliferação dos meios de reprodução facilmente é possível obter uma cópia, lícita ou ilícita[195], pelo que será também através deste meio que mais frequentemente será cometido o crime em estudo.

O conceito de cópia privada, embora não expressamente previsto, encontra-se protegido no CDADC, designadamente nos artigos 81.º, al. b) e 75.º, n.º 2, al. a) e justifica-se pelo equilíbrio necessário entre autores e consumidores das obras.

A cópia privada, à luz da lei portuguesa é admissível desde que preenchidos os requisitos presentes no artigo 81.º, al. b)[196], também denominada de regra dos três passos. «De acordo com a formulação portuguesa dessa regra, a reprodução de obras protegidas

---

[194] Sobre a cópia privada veja-se Alexandre Dias Pereira, 2005: 483 e ss. e Cláudia Trabuco, 2006: 501 e ss.

[195] Sobre o que se entende por obra ilícita, veja-se Rui Carlos Gonçalves Pinto, 1991: 19, para o qual obra ilícita será aquela que é contrária à norma injuntiva.

[196] E artigo 9.º, n.º 2 da Convenção de Berna.

para uso privado só é consentida se não prejudicar a *exploração normal* da obra ou prestação nem causar *prejuízo injustificado* aos legítimos interesses do titular de direitos[197]».

Em Espanha é igualmente permitida a reprodução de obras, desde que já divulgadas, para uso privado do «copista», não podendo a cópia ser objecto de utilização lucrativa ou colectiva[198], o mesmo sucedendo em França[199].

No Brasil, a matéria relativa à cópia privada foi prevista no próprio tipo criminal. A Lei 10.695/03, de 2 de Agosto, resolveu «definitivamente a polêmica questão acerca da cópia única para uso privado do copista, sem intuito de lucro, ao inserir o parágrafo 4º no artigo 184, que exclui tal prática, de forma expressa, da incidência das penas previstas nos parágrafos precedentes. Portanto, copiar obra integral, em um só exemplar, para uso exclusivamente privado, sem intuito de lucro, não é tipificado como crime.[200]»

O fundamento deste uso privado da obra prende--se com a liberdade concedida ao adquirente da obra de a utilizar para os fins que o mesmo pretenda, desde

---

[197] Dário Moura Vicente, *Cópia Privada e Sociedade da Informação*, in http://www.estig.ipbeja.pt/~ac_direito/Cprivada.pdf , p. 3 e 4, consultado em 19/01/2008 p. 3 e 4
[198] Cfr. art.º 31.º, n.º 2 da TRLPI.
[199] Cfr. artigos 122-5, 211-3 e 311-1 do CPI.
[200] Guilherme C. Carboni, *A Lei nº 10.695/03 e seu impacto no Direito Autoral brasileiro*, in http://jus2.uol.com.br/doutrina/texto.asp?id=4432, consultado em 19/01/2008.

que, naturalmente, não extravase os limites inerentes a esse uso privado. Quem adquire um exemplar de uma obra torna-se seu – do exemplar – proprietário, dispondo da plenitude dos direitos inerentes à propriedade[201], com as limitações decorrentes do CDADC. «Tal como acontece com outros limites do direito de autor, o uso privado assume o papel de contrapartida social da protecção da liberdade de criação cultural. Também no âmbito constitucional esta liberdade é ponderada face a outros direitos fundamentais, entre os quais destacamos o direito de expressão e divulgação do pensamento, o direito de informar e de ser informado, a liberdade de aprender e de ensinar, e o próprio direito de propriedade privada[202]».

Assim, o adquirente de uma obra literária em suporte de papel pode reproduzi-la um número indeterminado de vezes para o seu uso privado. O número de cópias depende do fim a que se destine e pode incidir sobre parte ou a totalidade da obra. Veja-se, a título de exemplo, a aquisição de uma obra científica com o objectivo de investigação em que o adquirente dessa obra decide fotocopiá-la para mais facilmente a analisar. Do mesmo modo, o adquirente de um álbum de música em formato CD ou de um videograma em formato DVD pode reproduzi-lo com o objectivo de

---

[201] Nos termos do artigo 1305.º do CC o proprietário de um bem, no nosso caso, de um exemplar de uma obra, goza plena e exclusivamente dos direitos de uso, fruição e disposição desse bem, dentro dos limites da lei e com observância das restrições por ela impostas.
[202] Cláudia Trabuco, 2006: 505.

preservar o CD ou DVD em suporte físico original, utilizando a(s) cópia(s) em casa, no automóvel ou no seu local de trabalho.

O uso privado e de cópia privada não afecta os direitos de autor e direitos conexos, entendidos de forma equilibrada, uma vez que o criador já foi compensado pela aquisição de um exemplar da obra (um livro, um CD, um DVD, entre outros formatos possíveis). Nesta situação, o adquirente torna-se o proprietário do exemplar adquirido, podendo com ele fazer a utilização privada que entender, desde que não afecte a exploração normal da obra. Para além da compensação pela aquisição prévia de um exemplar, o autor tem ainda direito, à luz do artigo 82.º[203] a uma compensação pela reprodução ou gravação de obras[204], através da fixação de uma quantia destinada a beneficiar os autores, ainda que através de pessoa colectiva criada para o efeito[205], quantia essa fixada a partir do preço de venda ao consumidor final sobre produtos que permitam a cópia privada.

No entanto, neste ponto poder-se-ão colocar duas questões: a cópia efectuada pelo adquirente só poderá ser para seu único e exclusivo uso individual? A cópia terá de ser efectuada pelo próprio adquirente?

---

[203] Regulamentado pela Lei n.º 62/98, de 01/09. Sobre este artigo, veja-se José de Oliveira Ascensão, 1990 e Ac. TC 16-12-2003.
[204] No mesmo sentido, ainda que de acordo com sistemas distintos, o artigo 25.º da TRLPI; o artigo 311-1 a 311-8 do CPI.
[205] Cfr. artigo 5.º da Lei n.º 62/98, de 01/09.

A resposta a ambas as questões tem, necessariamente, de ser negativa[206].

Quanto à primeira questão, a letra da lei conduz-nos aos fins ou uso exclusivamente privado da cópia (artigo 75.º, n.º 2, alínea a) e artigo 81.º, alínea b)). Ora, os fins ou uso privado não contrariam a utilização da cópia por mais do que uma pessoa. O limite está no fim ou uso privado, o que implica que a cópia possa ser utilizada por um núcleo restrito de pessoas ligadas proximamente ao proprietário do exemplar, abarcando familiares e amigos.

Neste sentido, veja-se o processo de elaboração da Directiva da Sociedade da Informação[207] que, no seu artigo 5.º, n.º 2, utiliza apenas a expressão «uso privado» e não «uso pessoal». Aliás, pese embora a Comissão das Comunidades Europeias ter proposto o uso estritamente pessoal, o Conselho Europeu optou por não levar em conta esta proposta, adoptando o uso privado como ideia base e excluindo definitivamente a limitação decorrente da utilização da expressão «uso pessoal».

Quanto à segunda questão, e pese embora a lei parecer indicar que a cópia tem de ser efectuada por aquele que a vai utilizar, a doutrina tem entendido que a mesma pode ser efectuada por um terceiro,

---

[206] Neste sentido, Cláudia Trabuco, 2007: 42 e ss.
[207] Directiva 2001/29/CE, do Parlamento e do Conselho, de 21 de Maio de 2001. Sobre esta directiva, veja-se José de Oliveira Ascensão, *Parecer sobre a proposta de lei n.º 108/ix – transposição da directiva n.º 2001/29, de 22 de Maio*, in www.apdi.pt, consultado em 29/06/2008.

desde que sob orientação de quem pretende utilizar a cópia[208].

Quintero Olivares[209] suscita uma outra questão, para a qual considera não haver resposta satisfatória, dando um exemplo de quinhentos estudiosos que fotocopiam o mesmo livro para tê-lo em casa ou a fotocópia que passa de mão em mão, dando lugar a outras. Segundo o autor, o artigo 25.º da TRLPI[210] tenta dar solução que, no entanto, não se apresenta satisfatória. Esta será sem dúvida, uma das mais complexas questões. Se, por um lado, é inequívoco o direito à cópia privada, estabelecer os seus limites torna-se uma tarefa hercúlea. Pensamos, porém, que o limite do uso privado e da limitação das cópias ao fim a que se destinam permitem ao julgador avaliar, caso a caso, se a cópia se mostra dentro dos parâmetros definidos na lei ou se extravasa esses limites, tornando-se uma cópia ilícita.

A cópia privada conheceu nas últimas décadas um aumento significativo, em resultado das evoluções técnicas da reprodução e transmissão do som e imagem, mas, sobretudo, da tecnologia digital que representou uma verdadeira revolução tecnológica com

---

[208] Neste sentido, Cláudia Trabuco, 2006: 410, na esteira da doutrina e jurisprudência alemãs.

[209] Gonzalo Quintero Olivares, 2001: 1243.

[210] O artigo 25.º da TRLPI prevê a compensação pela cópia privada e a sua forma de funcionamento, equiparando-se ao artigo 82.º do CDADC e respectiva legislação regulamentar. Sobre a cópia privada no regime espanhol, veja-se Ignacio Garrote Fernández-Díez, 2005.

implicações nos direitos de autor[211]. As cópias passaram a ter um preço cada vez mais acessível e, concomitantemente, a sua qualidade foi aumentando, bem como a rapidez de execução através de fotocopiadoras, gravadores de CD's e DVD's, tornando os adquirentes de exemplares potenciais novos produtores[212].

Esta massificação da cópia privada, legal e ilegal, tem ocupado grande parte das preocupações de autores, artistas e produtores de fonogramas e videogramas[213], conduzindo inclusivamente, à adopção de medidas tecnológicas que procuram prevenir a cópia privada[214]. A alteração ao CDADC operada pela Lei n.º 50/2004, de 24 de Agosto, que transpôs a Directiva da Sociedade da Informação[215] veio permitir o uso de medidas tecnológicas para impedir ou restringir actos relativos a obras, prestações e produções protegidas, que não sejam autorizados pelo titular dos direitos de propriedade intelectual. Esta alteração

---

[211] David Terracina, 2006: 1. Esta «revolução» leva mesmo Henry Lucas, 1998: 279 e ss. a questionar a efectividade dos direitos de autor e direitos conexos no ambiente digital, embora conclua ser abusivo deduzir que esses direitos não actuam no mundo analógico, apesar das dificuldades criadas pelo ambiente digital.

[212] Matías Vallés Rodriguez, 2003: 461.

[213] «Os utilizadores do direito estão perante a árdua tarefa de relacionarem-se com a vertiginosa evolução da tecnologia da qual o direito de autor tem se tornado refém», como afirma Antônio Carlos Francisco Araújo Júnior, 2003: 53.

[214] Sobre este tema veja-se Cláudia Trabuco, 2007: 46 e ss.

[215] Directiva n.º 2001/29/CE, do Parlamento Europeu e do Conselho, de 22 de Maio de 2001.

torna frequente uma velha reivindicação dos produtores de impedir as cópias privadas, pondo em causa o direito à cópia privada das obras e desequilibrando a balança entre direitos pertencentes aos autores e interesses dos consumidores das obras. Actualmente, como refere Manuel Lopes da Rocha e Henrique Carreiro, a cópia privada só é possível se permitida pelas medidas tecnológicas. «Em caso de aplicação de tais medidas, não se vai permitir a sua desactivação pela invocação de que se pretende fazer uma reprodução para uso privado.»[216]

O combate a esta nova realidade avizinha-se difícil, pois uma excessiva protecção pode pôr em causa a efectivação das utilizações livres, designadamente, neste aspecto, as cópias privadas lícitas e «seria perfeitamente utópica a proibição da cópia para fins privados»[217], embora a adopção das medidas tecnológicas referidas nos conduza por esse caminho. Por outro lado, urge um controlo das reproduções ilícitas pelos prejuízos que causam e que podem pôr em causa os direitos de autores e titulares de direitos conexos e em último caso podem afectar igualmente os destinatários das obras e prestações[218].

A questão da cópia privada lícita relaciona-se e confunde-se muitas vezes com o problema da pira-

---

[216] Manuel Lopes da Rocha e Henrique Carreiro, 2005: 44.
[217] António Xavier, 2002: 48.
[218] David Terracina, 2006: 9.

taria[219] e do *bootlegging*[220]. A resposta a este problema tem caído nos caminhos simplistas da proibição ou do maior controlo da possibilidade de realização de cópias, confundindo-se o que é lícito com o ilícito[221], defendendo-se que, face às novas ameaças, é necessário «um nível de protecção mais elevado do que em tempos passados.[222]»

Não concordamos com esta solução. A resposta tem de passar por novas formas de protecção[223], que não impliquem protecção mais elevada e, por isso, mais gravosa para o consumidor. A legislação sobre

---

[219] Para António Xavier, 2002, p. 98, pirataria é o termo «geralmente utilizado para descrever infracções aos direitos de autor e conexos para fins comerciais», embora a comercialidade do acto não seja requisito essencial.

[220] O termo *bootlegging* é de difícil tradução para a língua portuguesa. Este termo surgiu durante a chamada Lei Seca, nos Estados Unidos da América e era usado para designar o contrabando de bebidas alcoólicas. O termo foi agora adaptado a uma realidade recente, que surgiu com o avanço das novas tecnologias de gravação e que consiste na gravação áudio e/ou vídeo de espectáculos ao vivo ou mesmo de sessões de cinema. Veja-se os exemplos de grandes estreias de obras cinematográficas, as quais são gravadas por espectadores no próprio cinema para logo de seguida serem colocadas em sítios da internet ou para efectuar cópias ilegais para posterior venda. Sobre este tema e a diferença entre *bootlegging*, pirataria e contrafacção, veja-se J. A. L. Sterling, 2003: 516.

[221] Exemplificativo desta situação é a permissão legal de medidas tecnológicas de controlo.

[222] Patrícia Akester, 2004: 114.

[223] Como afirma André Lucas, 1998:282, é necessária alguma imaginação para adaptar o combate às violações dos direitos de autor e direitos conexos ao ambiente digital.

esta matéria visa um equilíbrio de interesses entre criadores e público e fazer perigar este equilíbrio seria desvirtuar a essência da legislação nesta matéria[224], tornando-a oca e vazia de sentido social, numa visão puramente economicista, com a qual os autores nada têm a ganhar e que poderia ter um efeito contraproducente[225]: o extremar de soluções conduziria a um imparável aumento, através de novos meios «dissimulados», de cópias ilícitas e disponibilizadas ao público no meio digital, sem controlo dos criadores. Por parte destes e dos produtores de fonogramas e videogramas tem também de existir uma evolução, acompanhando o desenvolvimento da sociedade e da

---

[224] A defesa de maior controlo da obra e limitação dos direitos dos utilizadores sobre esta demonstra uma orientação de «incrementar a mercantilização da cultura», como afirma Hervé Le Crosnier, 2006: 146. Segundo o mesmo autor, desde o Estatuto da Rainha Ana que os direitos de autor são concebidos como um direito de equilíbrio entre os interesses da sociedade e dos autores. No entanto este equilíbrio tem sido questionado pelas empresas que pretendem actuar em nome dos autores e limitar os direitos da sociedade no seu conjunto, aumentando o risco de desigualdades no acesso à cultura. Como Crosnier salienta tem sido esta ideia de equilíbrio que tem permitido nos últimos três séculos uma explosão de conhecimento.

[225] Para uma parte das pessoas (como os utilizadores de programas como o Napster) a violação dos Direitos de Autor e Direitos Conexos é um acto quotidiano. Os proprietários destes direitos, alarmados com este novo fenómeno, tentaram reduzi-lo. No entanto, o efeito desta intervenção parece por vezes contraproducente e assumir a forma de limitações crescentes, como afirmam David Lange e Jennifer Lange Anderson, Fair Use & Critical Appropriation in http://www.law.duke.edu/pd/papers/langeand.pdf , consultado em 19/01/2008, p.138.

tecnologia, encontrando novas soluções que permitam a subsistência do compromisso entre criadores e público[226].

A utilização livre de uma obra, e em especial a cópia privada, enquanto acto que não carece da autorização do autor e titular de direitos conexos, não implica a prática de um crime, por se verificar preenchido um tipo permissivo: o exercício de um direito à utilização livre, actuando como elemento negativo do tipo.

1.4 Ilicitude

A ilicitude é geralmente entendida como a antijuridicidade da conduta, «a contrariedade entre o facto, o comportamento da vida real, e o ordenamento jurídico[227]».

O agente que pratica um facto típico, nem sempre comete um facto ilícito se a sua conduta se encontrar justificada por uma causa de exclusão da ilicitude.

A lei penal enumera algumas causas de exclusão da ilicitude[228]: *a*) a legítima defesa; *b*) o exercício de

---

[226] Vejam-se como exemplos bem sucedidos de adaptação, aqueles em que os próprios criadores disponibilizam na internet as suas criações, aproveitando este meio como rampa de lançamento ou até criadores consagrados que lançam os seus álbuns primeiramente na internet e só depois em suporte físico.

[227] Germano Marques da Silva, 2001: 12

[228] Cfr. artigo 31.º do CP. Sobre causas de justificação, veja-se Jorge de Figueiredo Dias, 2001: 135 e ss – B.

um direito; *c)* o cumprimento de um dever imposto por lei ou por ordem legítima da autoridade; ou *d)* o consentimento do titular do interesse jurídico lesado.

Saliente-se que, no crime de usurpação, o consentimento do titular do interesse jurídico lesado encontra-se previsto no próprio tipo, pelo que, como referido *supra*, a autorização do autor opera como elemento negativo do tipo e não como causa de exclusão da ilicitude.

Quanto às restantes causas de exclusão da ilicitude previstas na lei penal, não se apresentam facilmente enquadráveis no crime de usurpação, embora possam ocorrer, não descartando à partida a sua aplicabilidade.

1.5 Culpabilidade

A culpabilidade «é o juízo de reprovação jurídica ao agente por ter cometido o facto jurídico[229]».

O facto não é punível, mesmo que típico e ilícito, quando a culpabilidade for excluída, isto é, quando o agente actuar, movido por uma causa de exclusão da culpa.

O Código Penal prevê no Capítulo III, do Título II, da Parte Geral, três causas de exculpação: o excesso de legítima defesa que resulte de perturbação, medo

---

[229] Germano Marques da Silva, 2001: 12.

ou susto, não censuráveis; o estado de necessidade desculpante; e a obediência indevida desculpante[230].

Qualquer destas causas de exculpação será de difícil aplicação ao crime em análise, embora situações de obediência indevida desculpante possam ocorrer. Pense-se no caso de um funcionário que, por ordem de um superior hierárquico, numa situação não prevista como utilização livre, efectua uma utilização da obra que careça de autorização do autor, situação esta desconhecida pelo funcionário.

1.6 Punibilidade

Existem requisitos exteriores ao facto que podem condicionar a eficácia do tipo legal de crime, tendo aqueles de verificar-se para que possa ser proferida decisão no processo que se debruce sobre o tipo legal[231]. «Não são uma categoria unitária em si, a única coisa que têm em comum é serem exteriores quer à ideia de acção, quer à ideia de culpa, quer à ideia de típica, quer à ideia de ilícita[232]».

Poderão ser abrangidas na punibilidade, entre outras e como ensina Teresa Beleza[233], as causas de isenção de pena, as causas de extinção da responsabilidade criminal e as condições de procedibilidade.

---

[230] Cfr. artigos. 33.º, n.º 2, 35.º e 37.º do CP.
[231] Neste sentido, veja-se Manuel Cavaleiro de Ferreira, 1986: 10.
[232] Teresa Pizarro Beleza, 1998: 330.
[233] *Ibidem*, pp. 329 e ss.

No nosso estudo, interessa-nos sobretudo, as condições de procedibilidade, ou seja, as condições processuais que, a existirem, podem conduzir à condenação do agente, designadamente a natureza do crime.

Como referido supra, o crime de usurpação reveste natureza pública. O artigo 200.º, n.º 1 refere que não é necessária a apresentação de queixa para iniciar o procedimento criminal, exceptuando as infracções que disserem exclusivamente respeito à violação de direitos morais, o que, como vimos, não sucede no artigo 195.º.

O n.º 2 do artigo 200.º prevê as situações em que a obra já caiu em domínio público, sendo, nestes casos, a queixa apresentada pelo Ministério da Cultura.

Face à forma como o artigo se encontra formulado, fica-nos uma dúvida: quando as obras caírem em domínio público torna-se necessária a apresentação de queixa para se iniciar procedimento criminal? Ou a apresentação de queixa referida no n.º 2, abrange apenas a queixa pela violação de direitos morais prevista no n.º 1?

A resposta afigura-se simples: as obras caídas em domínio público não abrangem os direitos patrimoniais dos autores, limitando-se aos direitos morais. Assim, uma obra caída em domínio público não pode ser objecto de um crime de usurpação. Deste modo, este n.º 2 do artigo 200.º refere-se apenas à violação de direitos morais do autor, pelo que não se aplica ao nosso estudo.

2 – O n.º 2 do artigo 195.º do CDADC

O facto de no n.º 2 se incluir um catálogo de condutas típicas, mais claro e objectivo do que a formulação adoptada no n.º 1, permite uma mais acessível apreensão do seu conteúdo. Aliás, o legislador espanhol, de forma que pensamos mais correcta, optou, desde logo, por incluir as condutas típicas num catálogo «dado que desta maneira é mais fácil conhecer quais são os actos sancionados pela lei»[234].

2.1 A alínea a) do n.º 2 do artigo 195.º

2.1.1 Elemento objectivo do tipo

A alínea a) do n.º 2 dispõe que comete o crime de usurpação «quem divulgar ou publicar abusivamente uma obra ainda não divulgada nem publicada pelo seu autor ou não destinada a divulgação ou publicação, mesmo que a apresente como sendo do respectivo autor, quer se proponha ou não obter qualquer vantagem económica».

Desde logo, apenas se protege uma obra, afastando-se a protecção de prestações, os denominados direitos conexos previstos no CDADC.

A obra não pode encontrar-se divulgada ou publicada pelo seu autor ou, pese embora já ter sido anteriormente publicada ou divulgada, no momento da

---

[234] José-Antonio Vega Vega, 2002: 137.

prática do facto, não pode estar destinada a divulgação ou publicação[235].

Do lado passivo, protegendo-se apenas as obras, o lesado é apenas o autor, excluindo-se os artistas, produtores de fonogramas e videogramas e os organismos de radiodifusão.

O agente do crime pode ser qualquer pessoa, não sendo requerida qualquer qualidade especial – como se referiu, estamos perante um crime comum.

Encontramo-nos diante de um crime de mera actividade pelo que não é necessário qualquer evento, designadamente a obtenção de vantagem económica, bastando a divulgação ou publicação de uma obra ainda não divulgada nem publicada pelo seu autor ou não destinada a divulgação ou publicação.

A afirmação «mesmo que a apresente como sendo do respectivo autor» pode induzir em erro, uma vez que parece fazer supor que se o utilizador abusivo da obra a apresentar como sua, também comete o crime de usurpação. No entanto, tal afirmação não corresponde à verdade, visto que, se o utilizador apresentar a obra como sendo sua, violando o direito moral à paternidade da obra[236], está a incorrer na prática de um crime de contrafacção previsto no artigo 196.º e não na prática de um crime de usurpação.

---

[235] Neste caso, o autor terá exercido o seu direito de retirada, previsto no artigo 62.º.
[236] Cfr. artigos 9.º, 27.º e 56.º.

O bem jurídico protegido pela norma é o direito do autor ao inédito[237]. Isto é, apesar de estarmos perante uma utilização da obra, o que manifestamente se refere à totalidade dos direitos patrimoniais do autor, na verdade o interesse que o legislador visa proteger especificamente é o direito moral do autor ao inédito. A utilização aparece como violação desse direito ao inédito e não como uma mera utilização de uma obra divulgada ou publicada pelo seu autor ou destinada a divulgação ou publicação e cujos interesses patrimoniais são colocados em causa. Essa situação, de violação dos direitos patrimoniais *tout court* de obra publicada ou divulgada sem restrições será abrangida pelo n.º 1.

2.1.2 Elemento subjectivo do tipo

O n.º 2, alínea a) do artigo 195.º refere expressamente que a utilização da obra tem de ser abusiva. Face à utilização do termo «abusivamente», não se compreende como se pode punir a negligência a que o artigo 197.º se refere.

Relembramos que o artigo 197.º, n.º 2 foi aditado pela Lei n.º 114/91, não tendo o legislador estabelecido qualquer distinção entre os vários artigos das disposições penais do código, limitando-se, simplesmente, a prever a negligência «nos crimes previstos neste título». Este facto, pode explicar a divergência

---

[237] Cfr. artigos 50.º, 67.º, n.º 1, 68.º, n.º 2 *a contrario*, 116.º e 157.º, n.º 1.

aparente entre o n.º 2 do artigo 197.º e a alínea a), do n.º 2 do artigo 195.º. Não nos parece ter sido intenção do legislador na alteração ocorrida pela Lei n.º 114/91, de 3 de Setembro, por um lado suprimir o termo «abusivamente», mas por outro lado, também não seria intenção prever a conduta negligente para este tipo da alínea a).

A conclusão a retirar impõe que o artigo 197.º, n.º 2 deverá ser interpretado restritivamente, não abrangendo a alínea a), do n.º 2, do artigo 195.º. Isto porque a utilização abusiva de uma obra não se compadece com a negligência, mesmo que grosseira.

O termo «abusivamente» conduz-nos à prática do facto com dolo. A actuação do agente tem de ser dolosa, sendo admissível qualquer das modalidades de dolo previstas no artigo 14.º do CP.

2.1.3 Elemento negativo do tipo

O termo «abusivamente» conduz igualmente ao afastamento da tipicidade nos casos em que o agente age no âmbito de uma utilização livre.

As utilizações livres actuam como limitações intrínsecas aos direitos de autor e limitando o bem jurídico protegido pela norma. Se nos encontramos perante limitações ao bem jurídico, a utilização livre de uma obra não pode ser considerada abusiva, não preenchendo esta conduta o elemento negativo do tipo.

Mas este ponto leva-nos a colocar uma questão: se a obra não foi divulgada ou publicada, aplicam-se as utilizações livres? Se a obra não foi divulgada ou publicada, não se aplicam as regras das utilizações livres, pois deve-se considerar como pressuposto destas a ocorrência de divulgação ou publicação. Se a obra já se encontra divulgada ou publicada, as utilizações livres já encontram aplicação. Assim o agente neste n.º 2 alínea a) só actua de acordo com as utilizações livres se a obra foi anteriormente divulgada ou publicada e num momento posterior retirada, deixando de se destinar a publicação ou divulgação.

Pese embora a alínea a) não abordar expressamente a ausência de autorização do autor como pressuposto para a prática do crime, ao contrário do que sucede com o n.º 1 e n.º 2, alíneas b) e c), o termo «abusivamente» deve ser interpretado também como significando «sem a autorização do autor», isto é, abusando da sua vontade expressa ou tácita.

Deste modo, a consideração pela vontade do autor, deve funcionar como elemento negativo do tipo, isto é, como pressuposto que, a existir, exclui a tipicidade e assim, a prática do crime.

A existir a autorização do autor, duas hipóteses se colocam: a autorização do autor da obra para a sua publicação ou divulgação, mesmo que de obra anteriormente não divulgada nem publicada pelo seu autor ou não destinada a divulgação ou publicação, sendo a publicação ou divulgação efectuada nos exactos termos constantes da autorização; ou a publicação ou divulgação de obra em que se excede os termos da autorização concedida pelo autor.

No primeiro caso, isto é, a publicação de obra com a autorização do autor, não reveste a prática de qualquer crime, uma vez que a autorização funciona como elemento negativo do tipo, que exclui a tipicidade. Uma vez que depende do autor da obra a sua publicação ou divulgação, o facto de anteriormente o autor ter impedido essas utilizações, não impede que posteriormente autorize a utilização das suas obras.

No segundo caso, quando a publicação ou divulgação foram autorizadas, mas o agente excedeu os termos da autorização, estamos perante uma situação de excesso dos limites da autorização concedida, pelo que o crime praticado é o crime de usurpação, previsto nos termos da alínea c), do n.º 2 do artigo 195.º e não o crime previsto na alínea a) do n.º 2 do mesmo artigo.

2.1.4 Ilicitude e culpa

No tipo legal previsto na alínea a) do n.º 2, face à utilização do termo «abusivamente», entendemos que a utilização das obras de acordo com as denominadas utilizações livres, não deverá ser considerada como uma causa de exclusão da ilicitude, pese embora ser o exercício de um direito, mas a sua análise deve ocorrer num momento prévio – no elemento negativo do tipo. Assim, o exercício de um direito de utilização livre exclui, desde logo, o preenchimento do tipo, pelo que não será sequer necessária a análise da ilicitude. Mesmo que assim não se entenda, deve então a utilização livre de uma obra conduzir à ausência de prática de um crime, por se verificar preenchido um tipo permissivo: o exercício de um direito à utilização livre, actuando como causa de exclusão da ilicitude.

2.2. A alínea b) do n.º 2 do artigo 195.º

2.2.1 Elemento objectivo do tipo

A alínea b) do n.º 2 dispõe que comete o crime de usurpação «quem coligir ou compilar obras publicadas ou inéditas sem a autorização do autor».

A obra, contrariamente ao que sucede na alínea a), pode encontrar-se publicada ou ser inédita. Oliveira Ascensão refere que onde se lê «publicadas» poderá ler-se «divulgadas», sendo este o sentido da lei. No entanto, não concordamos com esta interpretação. No Direito Penal a analogia é proibida e a interpretação extensiva está limitada pelo «sentido máximo (possível) das palavras da lei»[238]. Assim, pensar-se que o sentido da lei é ler «divulgadas», onde consta «publicadas» viola o princípio da legalidade uma vez que pode apresentar-se como uma interpretação extensiva, abstractamente mais gravosa para o agente, pois amplia o âmbito do tipo incriminador.

---

[238] Teresa Pizarro Beleza, 1998: 434.

O direito a reunir as suas obras é exclusivo do autor[239]. A previsão específica de um crime para quem coligir ou compilar obras publicadas ou inéditas sem a autorização do autor, seria desnecessária, face à previsão do n.º 1 do artigo 195.º. No entanto, o legislador optou por expressamente prever estes casos, para reafirmar este direito e abarcar «os casos em que as obras não são protegidas ou a utilização é livre, e não obstante a utilização conjunta só pode fazer-se com a autorização do autor[240]».

O objecto do crime são as faculdades patrimoniais aqui presentes. Deste modo, só os autores ocupam o lado passivo deste crime, não abrangendo os artistas, os produtores de fonogramas e videogramas e os organismos de radiodifusão, como sucede na alínea anterior.

2.2.2 Elemento subjectivo do tipo

No crime previsto na alínea b) e articulando com o artigo 197.º, o agente pode actuar com dolo ou negligência. Nada no tipo nos leva a excluir a possibilidade de negligência, contrariamente ao que sucede na alínea a) que expressamente prevê uma actuação abusiva, sem prejuízo das considerações feitas em capítulo anterior quanto à negligência.

---

[239] Cfr. artigos. 3.º, n.º 1, alínea b), 7.º, n.º 2 e 76.º, n.º 3.
[240] José de Oliveira Ascensão, 1993: 25.

2.2.3 Elemento negativo do tipo

O tipo legal prevê expressamente a ausência de autorização do autor, como pressuposto da actuação do agente. Deste modo, a autorização do autor, actua como elemento negativo do tipo, isto é, como pressuposto que, a existir, exclui a tipicidade e assim, a prática do crime.

O autor da obra pode ou não utilizar a mesma, coligindo-a ou compilando-a, cedendo esse direito a outrem ou simplesmente autorizando a sua colecção ou compilação. Caso sucedam as duas últimas hipóteses – cedência ou autorização – aquele a quem foi cedido o direito ou recebeu autorização pode coligir e compilar as obras nos termos e condições da cedência ou autorização. Se exceder os termos e condições da cedência ou autorização, o agente pratica o crime previsto na alínea c).

Do mesmo modo e tal como na alínea anterior e no n.º 1, a actuação do agente de acordo com uma utilização livre, exclui a tipicidade, funcionando como elemento negativo do tipo.

2.3. A alínea c) do n.º 2 do artigo 195.º

2.3.1 Elemento objectivo do tipo

A alínea c) do n.º 2 dispõe que comete o crime de usurpação «quem, estando autorizado a utilizar uma obra, prestação de artista, fonograma, videograma ou emissão radiodifundida, exceder os limites da autorização concedida, salvo nos casos expressamente previstos neste Código».

Desde logo verifica-se, comparativamente com as alíneas a) e b) do n.º 2, que, o crime não se limita à obra de um autor. Assim, a utilização indevida pode incidir sobre uma obra, uma prestação de artista, um fonograma, um videograma ou uma emissão radiodifundida. Consequentemente, do lado passivo temos não só o autor, mas também o artista, o produtor de fonograma ou videograma ou o organismo de radiodifusão.

Tratando-se de um crime de execução vinculada, a actuação do agente tem de se pautar por um excesso dos limites da autorização concedida pelo autor. Pressupõe-se, pois, um elemento prévio à actuação do agente: a autorização do autor para a utilização da obra, a qual deverá fixar os limites dessa autorização. E, apenas nos casos em que esses limites forem ultrapassados, se poderá verificar a prática de um crime de usurpação. Neste sentido, o Ac. RL 21-12-1993, no qual se decidiu que comete o crime de usurpação «quem, autorizado a realizar exibição pública de videogramas, identificados pela letra E, exceder a autorização consentida e proceder à exibição pública de videogramas que não preenche aquela condição.»

Contudo, a actuação do agente tem de ultrapassar os limites de forma não protegida no próprio Código. A título de exemplo, uma editora pode alterar a ortografia da obra, ou, admitimos possível, adicionar uma errata, sem a autorização do autor, ao abrigo do artigo 93.º[241]. Esta situação não pode ser configurada como um excesso de autorização, pelo que não conduz à prática de qualquer ilícito, pois a conduta do agente encontra-se prevista e protegida no CDADC.

Esta previsão não se encontra a salvo de críticas. Como refere Vega Vega[242] relativamente à lei espanhola «os cessionários que ultrapassem as faculdades não poderão incorrer em delito penal contra os autores, uma vez que poderá existir um incumprimento contratual, reparável pela via civil»[243].

A solução passa por uma interpretação cuidada desta disposição. Isto porque, quando a autorização do autor para a cedência dos seus direitos se efectuar através de um contrato ou outro negócio jurídico, o julgador deve, à luz da subsidiariedade do Direito Penal, avaliar se a conduta se circunscreve apenas ao contrato, podendo existir responsabilidade civil contratual, ou se, pelo contrário, vai mais além e estamos efectivamente perante um crime[244].

---

[241] Situação que se poderá colocar ao abrigo do novo acordo ortográfico.
[242] José-Antonio Vega Vega, 2002: 235.
[243] Em França, a jurisprudência e a doutrina têm entendido, tal como na lei portuguesa, existir a prática de um crime se o agente exceder os limites da autorização. Cfr. Frédéric Pollaud-Dulian, 2005: 720.
[244] A título de exemplo, pensemos no caso do agente que se serve da autorização, excedendo-a apenas com o intuito de violar as faculdades patrimoniais do autor.

2.3.2 Elemento subjectivo do tipo

Só estaremos perante um excesso dos limites da autorização se o cessionário sabe ou devia saber que carece de se encontrar autorizado para ultrapassar os limites da autorização previamente concedida, pois realiza uma acção à margem da vontade dos direitos[245]. Assim, conjugando com o artigo 197.º, a conduta criminosa pode ser dolosa ou negligente. No entanto, como acima referido, o Direito Penal deve actuar subsidiariamente e em muito casos abstractamente enquadráveis nesta previsão, estaremos simplesmente perante responsabilidade civil contratual.

Na nossa opinião, apenas nos encontramos verdadeiramente perante um ilícito criminal previsto nesta alínea c) quando o agente actua com uma intenção directa e específica de exceder os limites da autorização para obter um benefício ilegítimo ou prejudicar o autor, o que nos reconduz a um dolo directo[246].

2.3.3 Elemento negativo do tipo

Um dos elementos do tipo presente nesta alínea c) é o excesso dos limites da autorização concedida pelo autor. Este facto não descarta a possibilidade de, posteriormente à anterior autorização, o autor per-

---

[245] Gonzalo Quintero Olivares, 2001: 1246.
[246] Não estaremos perante um ilícito penal se o agente simplesmente efectua uma interpretação incorrecta do contrato.

mita uma nova utilização, diferente ou mais abrangente, funcionando esta nova autorização como causa de exclusão da ilicitude (conjugando-se com o art.º 38.º, n.º 1, do CP).

Do mesmo modo, as utilizações livres actuam como elemento negativo do tipo.

CAPÍTULO V
O N.º 3 do Artigo 195.º do CDADC

1 – Elemento objectivo do tipo

O n.º 3 dispõe que «será punido com as penas previstas no artigo 197.º o autor que, tendo transmitido, total ou parcialmente, os respectivos direitos ou tendo autorizado a utilização da sua obra por qualquer dos modos previstos neste Código, a utilizar directa ou indirectamente com ofensa dos direitos atribuídos a outrem».

Esta disposição, que para Oliveira Ascensão[247] é na realidade um novo tipo, mostra-se diferente das anteriores e parece alicerçar-se num paradoxo: o autor na utilização da sua obra pode ele próprio ser agente de um crime de usurpação de direitos de autor. Este paradoxo levanta a questão da pertinência e dos limites deste tipo legal.

Estaremos verdadeiramente perante um tipo incriminador autónomo?

---

[247] José de Oliveira Ascensão, 1993: 18.

São elementos essenciais do tipo incriminador o autor, a conduta e o bem jurídico [248].

O autor do crime é divergente. Enquanto nos números anteriores o autor poderia ser qualquer pessoa que não o criador, pois este posicionava-se do lado passivo, neste número o autor não poderá encontrar-se do lado passivo, mas antes do lado activo pois será ele aquele que detém as qualidades exigidas no tipo – o autor que transmitiu direitos patrimoniais da sua obra.

A conduta do crime não difere, abrangendo a utilização da obra por qualquer das formas previstas no Código, tal como sucede no n.º 1.

O bem jurídico protegido diverge, pois não se pretende proteger as faculdades patrimoniais dos autores. Pelo contrário, protegem-se os direitos de outrem a quem foram transmitidos direitos sobre a obra, protecção esta perante o autor.

A própria redacção deste número três varia, dando a ideia de que apenas razões sistemáticas e de facilidade levaram o legislador a colocar esta conduta no artigo 195.º.

Deste modo, concordamos com Oliveira Ascensão quando afirma que este n.º 3 é um tipo incriminador autónomo.

Passemos à sua análise. O objecto do crime circunscreve-se à obra, à criação intelectual, não abrangendo os direitos conexos.

---

[248] Jorge de Figueiredo Dias, 2007: 507 e ss.

Do lado activo, estamos perante um crime específico próprio, pelo que o agente pode ser apenas o autor da obra objecto do crime, excluindo-se como potenciais agentes os artistas, os produtores de fonogramas e de videogramas e os organismos de radiodifusão, ou mesmo um autor quando utilize uma obra alheia. Se o legislador optou por criminalizar esta conduta do autor, fica por explicar por que motivo não abrangeu os titulares de direitos conexos. Não faria certamente sentido abranger estes últimos, como não faz sentido atribuir esta conduta ao autor, não se alcançando a finalidade da sua punição a título penal.

Do lado passivo, encontramos todos aqueles a quem determinado direito patrimonial do autor foi cedido.

Tratando-se de um crime de execução vinculada, o agente tem de utilizar a obra, de forma directa ou indirecta, mas com ofensa dos direitos atribuídos a outrem. Assim, verifica-se outra variação relativamente aos restantes tipos legais do artigo 195.º: estamos perante um crime de resultado, dado que não basta a actuação do agente (utilizando a obra), é necessária a ocorrência de um resultado lesivo, ou seja, a ofensa de direitos atribuídos a outrem.

Se o autor só pode ceder e autorizar a utilização dos seus direitos patrimoniais, os direitos atribuídos a outrem serão igualmente, patrimoniais. Deste modo, a ofensa de direitos de outrem terá de implicar a ocorrência de um efectivo prejuízo patrimonial a quem os direitos haviam sido atribuídos.

Este número tem necessariamente de ser interpretado com muita cautela. Por norma, a autorização do autor para a cedência dos seus direitos efectua-se designadamente por meio de um contrato[249]. Ora, a violação desse contrato, implica consequências para qualquer dos contraentes, a nível civil, mormente responsabilidade civil contratual. Se nos circunscrevermos a uma violação que possa ser caracterizada como integrante da responsabilidade civil contratual, não pode esse mesmo facto dar igualmente lugar a responsabilidade criminal, sob pena de estarmos perante uma flagrante violação do princípio da subsidiariedade do Direito Penal e, consequentemente, perante uma interpretação do tipo legal, violadora da Constituição.

A solução, face à lei portuguesa, tem de passar pela adopção de uma interpretação restritiva deste número, de forma a respeitarmos os limites constitucionais. Só estaremos perante uma conduta criminosa quando reunidos dois requisitos: primeiro, a conduta do autor não se pode reconduzir a uma pura responsabilidade civil contratual; segundo, os direitos violados terão de se encontrar expressamente previstos no CDADC, mormente os direitos atribuídos aos editores ou outras entidades como os organismos de radiodifusão, ou, mais correctamente, os limites expressamente previstos para o autor sobre a obra após a cedência de direitos a outrem.

---

[249] Cfr. artigo 43.º, n.º 2.

O legislador espanhol, de forma coerente, optou por não incluir o autor de uma obra na prática de um crime que tenha por objecto a sua própria obra, pois «não poderemos considerar sujeito activo dos crimes contra a propriedade intelectual aos autores ou artistas-intérpretes quando tenham cedido os mesmos[250]».

Estando perante o paradoxo supra referido: o autor ser ele próprio agente de um crime cometido tendo como objecto a sua obra, não compreendemos como poderá este crime revestir natureza pública, nos termos do artigo 200.º. Esta é uma situação que claramente se reconduz à relação entre autor e aqueles a quem este autor cedeu os seus direitos. Não existe qualquer interesse público a proteger, dado que os interesses em causa pertencem apenas a terceiros a quem os direitos foram cedidos. Como pode, nos termos do artigo 48.º do CPP, o Ministério Público iniciar inquérito, promovendo o processo penal, sem a prévia existência de queixa por parte do ofendido? Em que situações e de que forma tem o Ministério Público conhecimento da existência deste crime, se não lhe for dado conhecimento pelo ofendido? Parece de difícil exequibilidade a interpretação deste tipo como revestindo natureza pública, com as consequências que essa situação acarreta. Teria sido mais louvável por parte do legislador, na elaboração do artigo 200.º, ter manifestado o cuidado de expressamente referir quais as situações em que nos encontramos

---

[250] José-Antonio Vega Vega, 2002: 235.

perante um crime de natureza pública e as situações sem que nos encontramos perante um crime de natureza semi-pública, não se limitando a colocar a totalidade dos artigos deste título sob a mesma alçada, apenas exceptuando a violação de direitos morais.

2 – Elemento subjectivo do tipo

A actuação do agente, fazendo fé no artigo 197.º, n.º 2, poderá ser dolosa ou negligente.

Parece, novamente, incompreensível como pode uma actuação de um autor ser considerada negligente e ao mesmo tempo censurável, quando ele próprio está a utilizar a obra de que foi criador. Estando perante um tipo incriminador cujos limites se balizam pela responsabilidade civil contratual, a punição da negligência neste caso pode conduzir a situações de injustiça para os autores, aumentando grosseiramente as situações abrangidas no tipo. Se o autor, que neste caso assume a posição de agente de um crime, despreza a autorização por ele previamente concedida, esta conduta só deve ser eticamente reprovável quando essa actuação é dolosa, em qualquer das suas modalidades[251] e, mesmo nestes casos, só a nível de responsabilidade civil contratual[252].

---

[251] Cfr. artigo 14.º do CP.
[252] Por exemplo se o autor actuou de uma forma que pensava ser permitida pelo contrato. Estamos perante uma questão de interpretação do contrato e não uma conduta criminosa.

Assim, tal como defendemos para a alínea a) do n.º 2, deve ser feita uma interpretação restritiva, de forma a assegurar uma interpretação constitucionalmente correcta, considerando que o artigo 197.º, n.º 2 não abrange este n.º 3 do artigo 195.º. Deste modo, a conduta do agente, para ser punível, tem de ser dolosa.

3 – Elemento negativo do tipo

Pela forma como o tipo se encontra elaborado, pensamos que, ao contrário dos números anteriores, não existe neste n.º 3 um elemento negativo do tipo decorrente de qualquer autorização.

Uma eventual autorização daqueles a quem os direitos foram cedidos deverá actuar neste caso como causa de exclusão da ilicitude e já não como elemento negativo do tipo.

Quanto às utilizações livres, num primeiro momento poder-se-á considerar que não têm aplicação ao autor. Isto porque, o autor tem o direito de utilizar a sua obra e as utilizações livres encontram-se previstas para terceiros que utilizam a obra, de alguma modo protegendo estes terceiros dos poderes do autor sobre a sua criação. No entanto, no caso em estudo, e face à ambiguidade desta disposição do n.º 3, não faz sentido excluir o autor do âmbito das utilizações livres. O autor transmitiu os seus direitos, mas pode continuar a utilizar a sua obra livremente, nos mesmos termos que um terceiro o faria, ao utilizar a obra nos termos previstos para as utilizações livres. Assim, se o autor utilizar a sua própria criação no âmbito de uma situação que possa ser integrada numa utilização livre, está a actuar licitamente, funcionando essa actuação como elemento negativo do tipo.

4 – Ilicitude e a culpa

Não existe neste número qualquer especialidade relativamente às regras gerais de exclusão da ilicitude e da culpa. Desde que preenchidos os seus requisitos, qualquer causa de exculpação ou causa desculpante pode actuar em favor do autor, agente do crime.

No entanto, pode assumir especial destaque o consentimento daqueles a quem o direito foi transmitido pelo autor. Isto porque, na prática, pode verificar-se frequentemente uma autorização por parte daqueles a quem o direito foi transmitido. Veja-se o exemplo do editor que consente que o autor possa, total ou parcialmente e pelo meio acordado, utilizar a sua obra em termos que colidam com os direitos do próprio editor. Assim, este consentimento apresentar-se como causa de exclusão da ilicitude.

5 – Punibilidade

Estranhamente também este crime reveste natureza pública à luz do artigo 200.º. No entanto, não desenvolveremos mais este tema, uma vez que já foi abordado no Capítulo II.

SÍNTESE DAS PRINCIPAIS CONCLUSÕES

Desde o início da legislação sobre propriedade intelectual, o legislador português optou por criminalizar as violações aos direitos de autor e posteriormente aos direitos conexos, não se verificando variações significativas no conteúdo dos tipos incriminadores que se foram sucedendo.

No CDADC actual, o legislador português optou por atribuir maior relevância aos direitos patrimoniais, em detrimento dos direitos morais, como se constata a partir da diferente natureza atribuída aos crimes, ou com a previsão de uma mesma moldura penal para condutas criminosas tão distintas (violação dos direitos morais e violação dos direitos patrimoniais).

Apresentar como conduta criminosa a generalidade das infracções à propriedade intelectual mostra-se excessivo, pois nem todas as condutas abrangidas lesam bens jurídicos fundamentais e a incriminação generalizada afecta o princípio da legalidade na sua vertente da máxima restrição do Direito Penal. A maior relevância atribuída aos direitos patrimoniais em detrimento dos direitos pessoais é inadequada pois desvaloriza o papel do autor enquanto pai da obra e os direitos de personalidade inerentes à sua criação. A mera incriminação de todas as violações não implica o sucesso na prevenção e repressão de tais condutas, pelo que esta opção carece de exequibilidade.

Criminalizar algumas infracções que merecem maior dignidade penal e social, como os direitos morais dos autores, deixando para os restantes ramos do direito, mormente o direito de mera ordenação social, as restantes violações teria sido uma opção mais acertada para assegurar uma mais célere e exequível protecção dos direitos de autor e direitos conexos remanescentes.

A redacção utilizada na tipificação do crime de usurpação apresenta imprecisões, sendo o conteúdo do tipo legal de difícil delimitação, designadamente pela remissão para «qualquer das formas previstas» no CDADC. A utilização de uma cláusula tão ampla não basta, no entanto, para nos encontrarmos perante uma norma penal em branco, ferida de inconstitucionalidade, pois o tipo penal remete para normas não penais de igual valor, contidas inclusivamente no mesmo diploma das normas penais.

A natureza pública do crime de usurpação apresenta-se necessária por duas ordens de razão. Por um lado, em termos práticos, seria deveras complexo cada autor ou titular de direito conexo ter conhecimento da violação dos seus direitos patrimoniais. Por outro lado, justifica-se a natureza pública pela relevância social e quantitativa que este tipo de crimes tem vindo a assumir nas sociedades modernas.

Num Estado que impõe constitucionalmente a restrição mínima aos direitos fundamentais e, consequentemente, uma intervenção mínima do Direito Penal, é de considerar desproporcionada a adopção da natureza pública do crime de usurpação na sua totalidade. Por um lado, essa natureza deveria ser afastada na al. c) do n.º 2 e no n.º 3 do artigo 195.º, e por outro lado, deveria abranger as violações dos direitos morais dos autores pela natureza pública do crime.

O crime de usurpação apresenta-se como um crime comum (n.ºs 1 e 2 alíneas a) e b) do artigo 195.º) pelo que o seu agente pode ser qualquer cidadão); e específico, pois são exigidas determinadas qualidades aos agentes (impróprio no caso da al. c) do n.º 2 e próprio no n.º 3).

O crime de usurpação previsto nos números 1 e 2 é um crime de mera actividade uma vez que se basta com a acção do agente, independentemente de qualquer resultado posterior que venha a ocorrer.

Toda a construção do tipo conduz-nos a um tipo fechado, mas incompleto, em que as formas como o agente tem de actuar para praticar o facto estão expressamente previstas, mas carecem de conjugação com os elementos constantes das normas não penais do CDADC.

O n.º 1 do artigo 195.º dispõe que comete o crime de usurpação quem utilizar uma obra ou prestação por qualquer das formas previstas no código, desde que o faça sem autorização do autor ou titular de direito conexo.

O objecto do crime é o conjunto de faculdades patrimoniais de um autor ou de titular de direito conexo. A lei penal não refere explicitamente quais as condutas incriminadas, referindo apenas que tem de ser a utilização através dos modos previstos no Código, remetendo-nos designadamente para o artigo 68.º. Deste modo, abrange-se o leque de direitos patrimoniais dos autores, como a reprodução, distribuição, comunicação, transformação, interpretação e execução.

O artigo 68.º, n.º 1, não compreende todas as formas possíveis de utilização, podendo a obra ser utilizada por qualquer dos modos actualmente conhecidos ou que de futuro o venham a ser. Ora, esta cláusula aberta não se compadece com a ideia de certeza que tem de revestir o tipo incriminador. A solução passa por considerar que, quando o n.º 1 do artigo 195.º refere a utilização por qualquer das formas previstas no código, estas formas abrangem apenas aquelas que expressamente se encontram previstas no CDADC, designadamente no artigo 68.º. Só desta forma podemos alcançar o respeito pelo princípio da legalidade, assegurando uma interpretação consentânea com os princípios constitucionais.

Uma conduta em particular tem suscitado controvérsia na jurisprudência. O artigo 149.º, n.º 2 submete a uma autorização prévia a comunicação da obra em qualquer lugar público.

Parece difícil sustentar que a mera recepção se possa comparar à comunicação pública de uma obra, pois esta implica uma nova utilização, uma recepção-transmissão que não se verifica no primeiro caso, ou seja, na mera recepção. Seria incoerente e contrário àquilo que a lei dispõe defender uma autorização para a radiodifusão e uma nova autorização para a mera recepção, pois esta é o seguimento natural daquela e não uma nova e independente utilização da obra. Esta recepção é, deste modo, uma conduta não prevista no tipo incriminador de usurpação.

A conduta do agente pode ser dolosa ou negligente e o bem jurídico protegido é o conjunto de faculdades patrimoniais pertencentes ao autor e titular de direitos conexos, faculdades estas de que o autor pode dispor, autorizando outrem à sua utilização. A autorização actua por isso como elemento negativo do tipo, isto é, como facto que, a verificar-se, exclui a tipicidade e consequentemente implica a inexistência de crime.

A autorização não é o único elemento negativo do tipo. O Direito de Autor nasce da necessidade de equilibrar a relação entre os interesses do público e os direitos dos criadores. Face ao equilíbrio que está na base desta legislação, não existem verdadeiras excepções ao Direito de Autor e Direitos Conexos, nem um direito de uso das obras e prestações por parte do adquirente, mas fronteiras delimitativas ou, como preferiu o nosso legislador, utilizações livres.

No tipo incriminador, se se considerar as utilizações livres como limitações intrínsecas, estaremos perante um elemento negativo do tipo, enquanto se as mesmas forem consideradas excepções, terão de ser consideradas na análise do crime, como causas de exclusão da ilicitude.

Deste modo, pensamos que as utilizações livres devem ser interpretadas como fronteiras delimitativas à protecção da obra e do autor e não como excepções aos direitos atribuídos a este último, actuando como elemento negativo do tipo.

O n.º 2, alínea a) do artigo 195.º refere que comete o crime de usurpação aquele que divulgar ou publicar abusivamente uma obra ainda não divulgada nem publicada ou não destinada a divulgação ou publicação.

Face à utilização do termo «abusivamente», não se pode punir a negligência a que o artigo 197.º se refere. A conclusão a retirar impõe que o artigo 197.º, n.º 2 tem de ser interpretado restritivamente, não abrangendo a alínea a), do n.º 2, do artigo 195.º. Isto porque, a utilização abusiva de uma obra não se compadece com a negligência, mesmo que grosseira.

O termo «abusivamente» conduz-nos à prática do facto com dolo, mas também ao afastamento da tipicidade nos casos em que o agente actua no âmbito de uma utilização livre.

A alínea a) não aborda expressamente a ausência de autorização do autor como pressuposto para a prática do crime, ao contrário do que sucede com o n.º 1 e n.º 2, alíneas b) e c). No entanto, o termo «abusivamente» deve ser interpretado como abuso da vontade expressa ou tácita do autor, pelo que é sem a sua autorização.

A afirmação «mesmo que a apresente como sendo do respectivo autor» pode induzir em erro, uma vez que parece fazer supor que se o utilizador abusivo da obra a apresentar como sua, também comete o crime de usurpação. No entanto, tal afirmação não corresponde à verdade, visto que, se o utilizador apresentar a obra como sendo sua, violando o direito moral à paternidade da obra, está a incorrer na prática de um crime de contrafacção.

A alínea b) do n.º 2 dispõe que comete o crime de usurpação aquele que coligir ou compilar obras publicadas ou inéditas sem a autorização do autor.

Contrariamente ao que sucede na alínea a) a obra pode encontrar-se publicada ou inédita e o agente pode actuar com dolo ou negligência.

O tipo legal prevê expressamente a ausência de autorização do autor, como pressuposto da actuação do agente. Deste modo, a autorização do autor, actua como elemento negativo do tipo.

Do mesmo modo e tal como na alínea anterior e no n.º 1, a actuação do agente de acordo com uma utilização livre, exclui a tipicidade, funcionando como elemento negativo do tipo.

A alínea c) do n.º 2 dispõe que comete o crime de usurpação aquele que está autorizado a utilizar uma obra, prestação, mas excede os limites da autorização concedida, salvo nos casos expressamente previstos neste Código.

O objecto do crime não se limita à obra de um autor, abrangendo as prestações e, tratando-se de um crime de execução vinculada, a actuação do agente tem de se pautar por um excesso dos limites da autorização concedida pelo autor.

Relativamente a esta conduta, deve ser feita uma interpretação cuidada. Quando a autorização do autor para a cedência dos seus direitos se efectuar através de um contrato, o julgador deve, à luz da subsidiariedade do Direito Penal, avaliar se a conduta se circunscreve apenas ao contrato, podendo existir responsabilidade civil contratual, ou se, pelo contrário, existe uma conduta criminosa.

Apenas nos encontramos verdadeiramente perante um ilícito criminal previsto nesta alínea c) quando o agente actua com uma intenção directa e específica de exceder os limites da autorização para obter um benefício ilegítimo ou prejudicar o autor, o que nos reconduz ao dolo directo.

O n.º 3 apresenta-se como um tipo incriminador autónomo. Enquanto nos números anteriores o autor pode ser qualquer pessoa que não o criador, pois este posicionava-se do lado passivo, neste número o autor não pode encontrar-se do lado passivo, mas antes do lado activo pois é ele aquele que detém as qualidades exigidas no tipo – o autor que transmitiu direitos patrimoniais da sua obra. A conduta do crime não difere substancialmente, abrangendo a utilização da obra por qualquer das formas previstas no Código, tal como sucede no n.º 1, mas circunscreve-se às faculdades previamente transmitidas. O bem jurídico protegido diverge, pois não se pretende proteger as faculdades patrimoniais dos autores. Pelo contrário, protegem-se os direitos de outrem a quem foram transmitidos direitos sobre a obra, protecção esta perante o autor. A própria redacção deste número três varia, dando a ideia de que apenas por razões sistemáticas e de facilidade levaram o legislador a colocar esta conduta no artigo 195.º.

Do lado activo, estamos perante um crime específico próprio, pelo que o agente tem de ser apenas o autor da obra, excluindo-se como potenciais agentes os titulares de direitos conexos, ou mesmo um autor quando utilize uma obra alheia.

Se o autor só pode ceder e autorizar a utilização dos seus direitos patrimoniais, os direitos atribuídos a outrem serão igualmente, patrimoniais. Deste modo, a ofensa de direitos de outrem tem de implicar a ocorrência de um efectivo prejuízo patrimonial a quem os direitos haviam sido atribuídos.

A autorização do autor para a cedência dos seus direitos efectua-se designadamente por meio de um contrato. Ora, a violação desse contrato, implica consequências para qualquer dos contraentes, a nível civil, mormente responsabilidade civil contratual. Se nos circunscrevermos a uma violação que possa ser caracterizada como integrante da responsabilidade civil contratual, não pode esse mesmo facto dar igualmente lugar a responsabilidade criminal, sob pena de estarmos perante uma flagrante violação do princípio da subsidiariedade do Direito Penal e, consequentemente, perante uma interpretação do tipo legal, violadora da Constituição. Assim, este número tem necessariamente de ser interpretado com cautela.

A actuação do agente, fazendo fé no artigo 197.º, n.º 2, pode ser dolosa ou negligente. É incompreensível como pode uma actuação de um autor ser considerada negligente e ao mesmo tempo censurável, quando ele próprio está a utilizar a obra de que foi criador. Assim, tal como defendemos para a alínea a) do n.º 2, deve ser feita uma interpretação restritiva, de forma a assegurar uma interpretação constitucionalmente correcta, considerando que o artigo 197.º, n.º 2 não abrange este n.º 3 do artigo 195.º do mesmo diploma.

As utilizações livres não se encontram previstas para os próprios autores. Pelo contrário, à partida são uma salvaguarda do público perante os autores. No entanto, face à ambiguidade deste n.º 3, se o autor utilizar a obra de forma que se possa integrar numa utilização livre, deve-se optar por uma interpretação favorável ao autor e possibilitar que o mesmo utilize a sua obra nos mesmos termos das utilizações livres, actuando como elemento negativo do tipo.

Pela forma como o tipo se encontra elaborado, pensamos que, ao contrário dos números anteriores, não existe neste n.º 3 um elemento negativo do tipo decorrente de qualquer autorização. Uma eventual autorização daqueles a quem os direitos foram cedidos tem de actuar neste caso como causa de exclusão da ilicitude e já não como elemento negativo do tipo.

JURISPRUDÊNCIA

Ac. RC 21-03-1961, Jurisprudência das Relações, ano 7, 1961, Tomo II, Coimbra, p. 490, rel. João Pedro de Mascarenhas Gaivão
Ac. RE 07-04-1992, CJ, 1992, II, p. 315, rel. Mendes Pimental
Ac. RL 16-12-1992, in www.dgsi.pt, processo n.º 0293063, rel. Madeira Barbara
Ac. RL 21-12-1993, in www.dgsi.pt, processo n.º 0062015, rel. Aragão Barros
Ac. RC 20-04-1994, CJ, 1994, II, p. 52, rel. Manuel de Almeida Ribeiro
Ac. RP 08-03-1995, CJ, 1995, II, p. 224, rel. Neves Magalhães
Ac. TC 06-07-1995, DR, II Serie, n.º 260, 10-11-1995, p. 13507, rel. Fernanda Palma
Ac. RL 10-05-1995, BMJ n.º 447, 1995, rel. António Luís Gil Antunes Grancho
Ac. RE 04-06-1996, CJ, 1996, III, p. 289, rel. Lopes Cardoso
Ac. RE 18-02-1997, CJ, 1997, I, p. 308, rel. Políbio Flor
Ac. STJ 11-03-1997, in www.dgsi.pt, processo n.º 087833, rel. Tomé de Cravalho
Ac. RP 01-10-1997, CJ, 1997, IV, p. 241, rel. Moura Pereira
Ac. RE 13-04-1999, CJ, 1999, II, p. 278, rel. Ferreira Neto
Ac. RC 28-02-2001, CJ, 2001, II, p. 42, rel. Maio Macário
Ac. RC 17-04-2002, CJ, 2002, II, p. 55, rel. António Ribeiro Martins
Ac. RL 17-12-2002, in www.dgsi.pt, processo n.º 0085665, rel. Gaspar de Almeida
Ac. RL 04-11-2003, in www.dgsi.pt, processo n.º 11845/2001-5, rel. Vasques Dinis

Ac. TC 16-12-2003, DR, I Serie, n.º 62, 14-03-2004, p. 1352, rel. Paulo Mota Pinto

Ac. RG 02-07-2007, in www.dgsi.pt, processo n.º 974/07-2, rel. Fernando Monterroso

Ac. STJ 30-04-2008, in www.dgsi.pt, processo n.º 08P1214, rel. Santos Cabral.

BIBLIOGRAFIA

AKESTER, Patrícia
- *O Direito de Autor e os Desafios da Tecnologia Digital*, Cascais, Principia, 2004

ALMEIDA, Carlos Ferreira de
- *Introdução ao Direito Comparado*, 2.ª ed., Coimbra, Almedina, 1998

ANDRADE, José Carlos Vieira de
- *Os direitos fundamentais na constituição portuguesa de 1976*, 3.ª ed, Coimbra, Almedina, 2004

Ascensão, José de Oliveira
- *A compensação em contrapartida de utilizações reprográficas indiscriminadas de obras protegidas*, in RFDUL, Lisboa, vol. 31, 1990, p. 211-238
- *Direito de Autor e Direitos Conexos*, Coimbra, Coimbra Editora, 1992
- *Direito Penal de Autor*, Lisboa, Lex, 1993
- *Parecer sobre a proposta de lei n.º 108/ix – transposição da directiva n.º 2001/29, de 22 de Maio*, in www.apdi.pt , 2004, consultado em 29/06/2008
- *Princípios Constitucionais do Direito de Autor*, in Argumentum Revista Jurídica, Vol. I, n.º 1, Faculdade Marista do Recife, 2005

Beleza, Teresa Pizarro
- *Direito Penal*, 2.º ed.,Vol. I, Lisboa, AAFDL, 1998 (reimp. 2002)
- *Direito Penal*, Vol. II, Lisboa, AAFDL, 1985
- *Apontamentos de direito processual penal*, colab. Frederico Isaasca, Rui Sá Gomes, Lisboa, AAFDL, 1992-1993

Beleza, Teresa Pizarro, Pinto, Frederico de Lacerda da Costa
- *O Regime Legal do Erro e as Normas Penais em Branco*, Coimbra, Almedina, 1999

BERCOVITZ RODRÍGUEZ-CANO, Alberto (coord.),
- *Manual de propriedad intelectual*, 2.ª ed., Valência, Tirant Lo Blanch, 2003

BERCOVITZ RODRÍGUEZ-CANO, Rodrigo
- *Comentarios a la Ley de Propriedad Intelectual*, Madrid, Tecnos, 2003

CANOTILHO, José Joaquim Gomes,
- *Liberdade e Exclusivo na Constituição*, in «Estudos sobre Direitos Fundamentais», Coimbra, Coimbra Editora, 2004, pp. 217-232

Carboni, Guilherme C.
- *A Lei nº 10.695/03 e seu impacto no Direito Autoral brasileiro*, in http://jus2.uol.com.br/doutrina/texto.asp?id=4432, consultado em 19/01/2008

Castello-Branco, Alípio Freire de Figueiredo Abreu
- *Código Penal Portuguez : annotado*, Lisboa, Imprensa de Cobellos, 1853

CHIMIENTI, Laura
- *Lineamenti del nuovo diritto d'autore : aggiornato con la direttiva 2001/29/CEE e con il D.Lgs. 68/2003*, 6.ª ed., Milão, Giuffrè Editore, 2004

COLOMBET, Claude
- *Grands principes du droit d'auteur et des droits voisins dans le monde : approche de droit compare*, 2.ª ed., Paris, Litec, 1992

CONSELHO CONSULTIVO DA PROCURADORIA GERAL DA REPÚBLICA, Parecer n.º P000041992 de 28/05/1992, in http://www.dgsi.pt/pgrp.nsf/ , consultado em 20/11/2007

Cordeiro, Pedro João Fialho da Costa
- *A Lei n.º 114/91, de 3 de Setembro Comentário às Alterações ao Código do Direito de Autor e dos Direitos Conexos*, Lisboa, AAFDL, 1992
- *Limitações e excepções sob a "Regra dos Três Passos" e nas legislações nacionais – diferenças entre o meio analógico e digital*, in APDI/FDL "Direito da Sociedade da Informação", Vol. III, Coimbra, Coimbra Editora, 2002, pp. 211-219
- *Direito de autor e radiodifusão: um estudo sobre o Direito de Radiodifusão desde os primórdios até à tecnologia digital*, Coimbra, Almedina 2004

Correia, António Simões
- *Código Penal Português Actualizado*, Lisboa, Livraria Ferin, Lda., 1954

Correia, A. Ferrer, Sá, Almeno de
- *Direito de Autor e Comunicação Pública de Emissões de Rádio e Televisão*, in Boletim da Faculdade de Direito, Universidade de Coimbra, Vol. LXX, Coimbra, 1994, pp. 1-96

Correia, Eduardo
- *Direito Criminal*, Coimbra, Almedina, 1963 (reimp. 2004)

CROSNIER, Hervé le
- *Repensar os Direitos de Autor*, trad. Marisa Pérez Colina, in Produção Cultural e Propriedade Intelectual, Recife, Fundação Joaquim Nabuco, 2006, pp. 145-150, versão original disponível em http://www.bmlisieux.com/inedits/LC_herve.htm, consultado em 22/07/2008

DIAS, Jorge de Figueiredo
- *Temas Básicos da Doutrina Penal: sobre os fundamentos da doutrina penal, sobre a doutrina geral do crime*, Coimbra, Coimbra Editora, 2001 – A
- *Textos de Direito Penal: doutrina geral do crime*, Coimbra, 2001 – B
- *Direito Penal: parte geral – Questões fundamentais; A doutrina geral do crime*, Tomo I, 2.ª ed., Coimbra, Coimbra Editora, 2007

Esperança, Filipa Almeida
- *Crime de Usurpação de Direitos de Autor – Captação e Audição de Rádio e de Televisão em Lugar Público (Acórdão de 13 de Abril de 1999)* in Revista Jurídica, AAFDL, 24, Lisboa, 2005, pp. 661-666

FERREIRA, Manuel Cavaleiro de
- *Curso de processo penal*, Vol. II, Lisboa, Danúbio, 1986

Garbajo Gascón, Fernando
- *Reproducción y Préstamos Público en Bibliotecas y Otras Instituciones de Promoción Cultural. Su Adaptación al Entorno Digital*, in Actas de Derecho Industrial y Derecho de Autor, Instituto de Derecho Industrial Universidad de Santiago, Madrid, Barcelona, Marcial Pons, 2003, pp. 157-194

GARNETT, Kevin, JAMES, Jonathan Rayner, DAVIES, Gillian
- *Copinger and Skone James on copyright*, 14.ª ed., Vol. I, London, Sweet & Maxwell, 1999

GARROTE FERNÁNDEZ-DÍEZ, Ignacio
- *La reforma de la copia privada en la ley de propiedad intelectual*, Granada, Comares, 2005

Geiger, Christophe
- *Droit d'auteur et droit du public à l'information: approche de droit comparé*, Paris, Litec, 2004

Jakobs, Günther
- *Derecho Penal, Parte General – fundamentos y teoría de la imputación*, trad. Joaquin Cuello Contreras e Jose Luis Serrano Gonzalez de Murilli, Madrid, Marcial Pons, 1995

Jescheck, Hans-Heinrich, WEIGEND, Thomas
- *Tratado de Derecho Penal: parte general*, trad. Miguel Olmedo Cardenete, 5.º ed. Granada, Comares Editorial, 2002

JÚNIOR, Antônio Carlos Francisco Araújo
- *A Internet e a Reprodução da Obra no Sistema Jurídico Brasileiro*, Lisboa, FDUL, texto não publicado, disponível na biblioteca da FDUL, cota T-3708, 2003

Lange, David, Anderson, Jennifer Lange
- Fair Use & Critical Appropriation in http://www.law.duke.edu/pd/papers/lange and.pdf, consultado em 19/01/2008

LUCAS, André
- *Droit d'auteur et numérique*, Paris, Litec, 1998

LUCAS, André, LUCAS, Henri-Jacques
- *Traité de la Propriété Littéraire et Artistique*, 2ª ed., Paris, Litec, 2001

Machado, João Baptista
- *Introdução ao Direito e ao Discurso Legitimador*, Coimbra, Almedina, 2000

MACHADO, Maria Cristina Miguéns de Sousa
- O direito à criação artística na Constituição portuguesa de 1976 – enquadramento constitucional da actuação do Estado na efectivação dos direitos culturais, Lisboa, FDUL, texto não publicado, disponível na biblioteca da FDUL, cota T-2433

Mirabete, Júlio Fabbrini
- *Manual de Direito Penal – Parte Geral*, 17.º ed., São Paulo, Atlas, 2001.

Miranda, Jorge, Machado, Miguel Pedrosa
- *Constitucionalidade da Protecção Penal dos Direitos de Autor e da Propriedade Industrial*, Lisboa, Publicações Dom Quixote, 1995

MORETÓN TOQUERO, M. Aránzazu
- *Delitos contra la propiedad intelectual*, Barcelona, Bosch, 2002

Netto, José Carlos Costa
- *Direito autoral no Brasil*, coord. Hélio Bicudo, São Paulo, FTD, 1998
PALMA, Maria Fernanda
- *Constituição e Direito Penal – As questões inevitáveis*, in «Perspectivas Constitucionais – nos 20 Anos da Constituição de 1976», Vol. II, Coimbra, Coimbra Editora, 1997
PEREIRA, Alexandre Dias
- *Informática, Direito de Autor e Propriedade Tecnodigital*, STVDIA IVRIDICA 55, Coimbra, Coimbra Editora, 2001
- *Direito de Autor, Liberdade Electrónica e Compensação Equitativa*, in BFDUC, Vol. LXXXI, Coimbra, 2005, pp. 441-509
Pereira, Mário Alves
- *Código do Trabalho Intelectual*, Lisboa, Edições Gama, 1951
Pierre, Luiz A. A.
- *Direito de Autor – Algumas limitações legais*, in www.verbojuridico.net, consultado em 19/01/2008
PINTO, Frederico de Lacerda da Costa
- *Direito Processual Penal*, Lisboa, AAFDL, 1998
PINTO, Rui Carlos Gonçalves
- *Obras não protegidas, uso privado e utilizações livres: contributo para o estudo do seu regime*, in Revista Jurídica, n.º 16-17, Julho 1991/ Janeiro 1992, Lisboa, Nova Série, pp. 13-97
POLLAUD-DULIAN, Fréderic
- *Le Droit d'Auteur*, Paris, Economica, 2005
Quintero Olivares, Gonzalo
- *Comentarios al Nuevo Código Penal*, 2.ª Ed., Elcano, Aranzadi Editorial, 2001
Rebello, Luiz Francisco
- *Introdução ao Direito de Autor*, Vol. I, Lisboa, SPA/D. Quixote, 1994
- *Garrett, Herculano e a Propriedade Literária*, Lisboa, Publicações D. Quixote, 1999
- *Código do Direito de Autor e dos Direitos Conexos*, Lisboa, Âncora Editora, 2002
ROCHA, Manuel Lopes da e CARREIRO, Henrique
- *Guia da Lei do Direito de Autor na Sociedade da Informação*, Centro Atlântico, 2005

Rocha, Maria Vitória
- *Direito de sequência em Portugal*, in http://www.verbojuridico.net/doutrina/
autor/dtosequencia.html, consultado em 23/02/2008

Rodríguez Moro, Luiz
- *La Nueva Protección Penal de la Propiedad Intelectual*, in Actas de Derecho Industrial y Derecho de Autor, Instituto de Derecho Industrial Universidad de Santiago, Madrid, Barcelona, Marcial Pons, 2003, pp. 331-371

ROGEL VIDE, Carlos
- *Derecho de Autor*, Barcelona, Cálamo, Producciones Editoriales, 2002

Rose, Mark
- Nine-Tenths of the Law: The English Copyright Debates and the Rhetoric of the Public Domain, in http://www.law.duke.edu/shell/cite.pl?66+Law+&+Contemp.+Pr
obs.+75+(WinterSpring+2003), consultado em 19/01/2008

ROXIN, Claus
- *Derecho Penal: Parte General – Fundamentos. La estructura de la teoría del delito*, trad. Diego-Manuel Luzón Peña, Miguel Díaz y García Conlledo, Javier de Vicente Remesal, Madrid, Civitas, 1997 (reimp. 2001)

Santos, M. Simas, Leal-Henriques, M.
- *Noções Elementares de Direito Penal*, 2.ª ed., Lisboa, Editora Rei dos Livros, 2003

Silva, Germano Marques da
- *Direito Penal Português*, Parte Geral, Vol. II, Lisboa, Verbo, 2001

Silva, M. Moreira da
- *Código do direito de autor e dos direitos vizinhos, legislação anotada*, Coimbra, Almedina, 1965

SOUZA, Carlos Fernando Mathias de
- *O Direito de Autor: um Direito de Propiedade*, in Revista Brasileira de Direito Comparado n.º 17, Rio de Janeiro, Instituto de Direito Comparado Luso Brasileiro, 1999, pp. 105-112

STERLING, J. A. L.
- *World Cpyright Law*, London, Sweet & Maxwell, 2003

TERRACINA, David
- La Tutela Penale del Diritto D'Autore e dei Diritti Connessi, Torino, G. Giappichelli Editore, 2006

Trabuco, Cláudia
- *O Direito de Reprodução de Obras Literárias e Artísticas no Ambiente Digital*, Coimbra, Coimbra Editora, 2006
- *Direito de Autor, intimidade privada e ambiente digital: reflexões sobre a copia privada de obras intelectuais, in* Revista Iberoamericana de Filosofía, Política y Humanidades, La Rioja, Prometeo Libros, 2007, pp. 29-55

VALLÉS RODRÍGUEZ, Matias, *vide* Rodrigo Bercovitz Rodríguez--Cano

Vega Vega, José-Antonio
- *Protección de la Propiedad Intelectual*, Madrid, Aisge, 2002

Vicente, Dário Moura
- *Cópia Privada e Sociedade da Informação, in* Estudos Jurídicos e Económicos em Homenagem ao Prof. Doutor António de Sousa Franco, Lisboa, FDUL, 2006, p. 709-722

VITORINO, António de Macedo
- *A Eficácia dos Contratos de Direito de Autor*, Coimbra, Almedina, 1995

Xavier, António
- *As Leis dos Espectáculos e Direitos Autorais do Teatro à Internet*, Coimbra, Almedina, 2002

ÍNDICE

Prefácio 5

Notas prévias 9

Siglas e abreviaturas 11

Introdução 13

Capítulo I – Perspectiva Histórico-Jurídica 19

Capítulo II – O Princípio da Legalidade
em Direito Penal e o tipo legal
de usurpação de direitos de autor 33
   1. Enquadramento 33
   2. A necessidade da responsabilidade criminal
      na violação dos direitos patrimoniais
      dos autores 37
   3. O artigo 195.º como uma norma penal
      em branco 41
   4. Pertinência da moldura penal, a punição
      da negligência e a natureza do crime 47

Capítulo III – Bem jurídico protegido e classificação do crime de usurpação 55
1. Bem jurídico protegido 55
2. Classificação do crime em função da estrutura do tipo 58
   2.1. Crime comum e crime específico próprio .. 58
   2.2. Crime de mera actividade e de resultado .. 60
3. Classificação quanto ao tipo 63
   3.1. Tipo aberto ou fechado? 63
   3.2. Tipo modal 64

Capítulo IV – Análise do tipo 65
1. O n.º 1 do artigo 195.º do CDADC 65
   1.1. Elemento objectivo do tipo 65
      1.1.1 O objecto do crime 66
      1.1.2 A conduta típica 69
         1.1.2.1 A questão particular da comunicação da obra em lugar público 76
      1.1.3 O sujeito activo 86
   1.2. Elemento subjectivo do tipo 88
   1.3. Elemento negativo do tipo 90
      1.3.1. Autorização 90
      1.3.2. As utilizações livres como elemento negativo do tipo 95
      1.3.3. A cópia privada, em especial 101
   1.4. Ilicitude 111
   1.5. Culpabilidade 112
   1.6. Punibilidade 113
2. O n.º 2 do artigo 195.º do CDADC 115
   2.1. A alínea a) do n.º 2 do artigo 195.º 115

  2.1.1. Elemento objectivo do tipo...... 115
  2.1.2. Elemento subjectivo do tipo..... 117
  2.1.3. Elemento negativo do tipo...... 118
  2.1.4. Ilicitude e culpa............. 120
 2.2. A alínea b) do n.º 2 do artigo 195.º...... 121
  2.2.1. Elemento objectivo do tipo...... 121
  2.2.2. Elemento subjectivo do tipo..... 122
  2.2.3. Elemento negativo do tipo...... 123
 2.3. A alínea c) do n.º 2 do artigo 195.º...... 123
  2.3.1. Elemento objectivo do tipo...... 123
  2.3.2. Elemento subjectivo do tipo..... 126
  2.3.3. Elemento negativo do tipo...... 126

Capítulo V – O n.º 3 do artigo 195.º do CDADC 129
 1. Elemento objectivo do tipo 129
 2. Elemento subjectivo do tipo............. 134
 3. Elemento negativo do tipo.............. 135
 4. Ilicitude e culpa 136
 5. Punibilidade 136

Síntese das Principais Conclusões 137

Jurisprudência............................ 147

Bibliografia 149